U0639230

国外教育伦理学译丛

主编　王正平

教育中的道德哲学

［加］罗宾·巴罗（Robin Barrow）◎著　　王丹斌◎译

MORAL
PHILOSOPHY
FOR
EDUCATION

华东师范大学出版社
·上海·

图书在版编目(CIP)数据

教育中的道德哲学/(加)罗宾·巴罗著;王丹斌译. —上海:华东师范大学出版社,2021
ISBN 978-7-5760-2247-6

Ⅰ.①教… Ⅱ.①罗…②王… Ⅲ.①教育学-伦理学 Ⅳ.①G40-059.1

中国版本图书馆 CIP 数据核字(2021)第 229370 号

国外教育伦理学译丛

教育中的道德哲学

著　　者　[加]罗宾·巴罗
译　　者　王丹斌
责任编辑　白锋宇
责任校对　宋红广　时东明
装帧设计　卢晓红

出版发行　华东师范大学出版社
社　　址　上海市中山北路 3663 号　邮编 200062
网　　址　www.ecnupress.com.cn
电　　话　021-60821666　行政传真 021-62572105
客服电话　021-62865537　门市(邮购)电话 021-62869887
地　　址　上海市中山北路 3663 号华东师范大学校内先锋路口
网　　店　http://hdsdcbs.tmall.com

印 刷 者　上海商务联西印刷有限公司
开　　本　787×1092　16 开
印　　张　14.75
字　　数　194 千字
版　　次　2022 年 1 月第 1 版
印　　次　2022 年 1 月第 1 次
书　　号　ISBN 978-7-5760-2247-6
定　　价　45.00 元

出 版 人　王　焰

(如发现本版图书有印订质量问题,请寄回本社客服中心调换或电话 021-62865537 联系)

Moral Philosophy for Education（*RLE Edu K*）/by Robin Barrow/ISBN：
9781138006485

Copyright © 1975 George Allen & Unwin Ltd

Authorized translation from the English language edition published by
Routledge，a member of Taylor & Francis Group. All Rights Reserved.
本书原版由 Taylor & Francis 出版集团旗下 Routledge 出版公司出版，并经其授
权翻译出版。版权所有，侵权必究。

East China Normal University Press Ltd. is authorized to publish and distribute
exclusively the Chinese (Simplified Characters) language edition. This edition is
authorized for sale throughout Mainland of China. No part of the publication
may be reproduced or distributed by any means，or stored in a database or
retrieval system，without the prior written permission of the publisher.
本书中文简体翻译版授权由华东师范大学出版社独家出版并仅限在中国大陆地
区销售，未经出版者书面许可，不得以任何方式复制或发行本书的任何部分。

Copies of this book sold without a Taylor & Francis sticker on the cover are
unauthorized and illegal.
本书贴有 Taylor & Francis 公司防伪标签，无标签者不得销售。

上海市版权局著作权合同登记　图字:09 - 2018 - 174 号

"国外教育伦理学译丛"总序

在西方，教育伦理思想有着悠久的形成与发展史，它是随着人类教育职业活动开展和社会经济文化进步而逐步形成、丰富与变化的。在西方教育史上，柏拉图、亚里士多德、昆体良、夸美纽斯，都曾较早提出过许多包含真知灼见的教育伦理思想。但是，作为一门相对独立、具有比较完整的思想理论体系的教育伦理学学科，是到了近现代才得以形成，并逐步在实践中得到充实、发展与完善的。[1]

美国著名哲学家、教育家、思想家杜威是较早正式使用"教育伦理学"（Educational Ethics）这一学术概念的人，并先后发表了三本直接阐述教育伦理学的学科对象、基本原则、方法与任务的重要学术著述。1895 年，杜威的《教育伦理学：六次讲座内容纲要》由芝加哥大学出版社首次出版，直接用于芝加哥大学有关教育与研究机构的教学。该书提及的六次系列讲座的主要内容包括"学校伦理问题""教育方法的伦理""课程或学习科目的伦理""学校与道德进步"等，[2]开创性地提出和探讨了教育伦理学及其重要的理论问题。同年，杜威又出

---

[1] 参见王正平主编：《教育伦理学》，人民教育出版社 2019 年版，第一章第四节"教育伦理学：作为一门学科的形成和发展".

[2] 约翰·杜威著，杨小微、罗德红等译：《杜威全集·早期著作 1882—1898》（第五卷，1895—1898），华东师范大学出版社 2010 年版，第 223—232 页.

版了学术专著《构成教育基础的伦理原则》，明确提出"不能有两套伦理原则或两种形式的伦理理论，一套为校内生活，另一套为校外生活。因为行为是一体的，所以行为的原则也是一体的"。① 但是，他指出，教育伦理问题毕竟有自己的特殊性，"原则是同一的，随不同环境而变化的是特殊的联系和应用点"。② 1909 年，在上述专门著述的基础上他出版了《教育中的道德原则》，比较全面而系统地阐述了他的教育伦理思想。在这一著作中，杜威探讨了学校的道德目标、学校共同体给予学生道德训练的道德责任、学校管理者的道德责任、学校教授的课程具有的社会属性和伦理意义、学校道德是"三位一体"相统一、教育心理的伦理问题等内容。在这本书的最后，杜威突出强调了在教育中恪守合理的道德原则的重要性。他指出："我们必须做到的一件事情是：在与其他力量是真实的完全相同的意义上，承认道德原则也是真实的；它们是共同体生活内在固有的，是个人的行为结构所内在固有的。"③"带着这个信念工作的教师，将会发现：每一门学科，每一种教育方法，学校生活中的每一个重要事件，都充满着道德的可能性。"④

杜威先后发表的上述三部重要教育伦理学专著，实际上概括和揭示了教育伦理学所涉及的最基本研究领域，即学校伦理或宏观教育职业活动伦理、教育方法伦理、学科课程伦理、师生关系伦理、教育心理伦理等重要内容，并阐述了基本的伦理道德原则。

20 世纪 60 年代以后，在西方教育发达国家，教育伦理学研究得到了进一步发

---

① 约翰·杜威著，杨小微、罗德红等译：《杜威全集·早期著作 1882—1898》（第五卷，1895—1898），华东师范大学出版社 2010 年版，第 41 页.
② 约翰·杜威著，杨小微、罗德红等译：《杜威全集·早期著作 1882—1898》（第五卷，1895—1898），华东师范大学出版社 2010 年版，第 41 页.
③ 约翰·杜威著，陈亚军、姬志闯译：《杜威全集·中期著作 1899—1924》（第四卷，1907—1909），华东师范大学出版社 2012 年版，第 233 页.
④ 约翰·杜威著，陈亚军、姬志闯译：《杜威全集·中期著作 1899—1924》（第四卷，1907—1909），华东师范大学出版社 2012 年版，第 233 页.

展,这主要体现在以下几个方面。

第一,加强教育伦理学基础理论研究,重视探讨教育与伦理的内在关系以及平等、自由、正义、人权等社会基本伦理道德原则和价值理念如何在教育中得到体现。1966 年,英国著名教育理论家彼得斯出版了《伦理学与教育》。[①] 在这本著作中,彼得斯从伦理学理论和教育理论的密切关联角度出发,系统地论述了教育的标准、伦理学经典理论与教育及教师的关系、教育平等权利、有价值的教育与教学活动、与教育利益有关的思考、教育中的自由、权威与教育、惩罚与纪律等内容。1975 年,加拿大教育伦理学家罗宾·巴罗出版了《教育中的道德哲学》。在这本著作中,巴罗较为系统地论述了哲学与教育、道德哲学,与教育职业活动相关的自由、平等、功利主义、尊重人、自主性、权利、创造性、价值,以及自由的学校、教育分配、灌输与道德价值观等内容。1985 年,里斯·布朗出版了《正义、道德与教育》一书。在该书的基本原理部分,探讨了正义、道德和教育的关系;在实践与实际应用部分,分析了教育中的权利和义务,正义、道德和惩罚,正义、道德与道德教育,教育管理中的正义与道德。此书显示了作者在吸取前人研究成果的基础上努力建构教育伦理学基础理论的倾向。[②]

第二,关注教育职业伦理道德研究,深入探讨教育职业伦理(又称"教育专业伦理""教师伦理")的具体原则、规范和要求。如 1984 年 J. M. 里奇出版的《教育职业伦理学》是一本专门探讨美国教育工作职业伦理道德规范的著作,该书讨论了职业伦理学的重要性、职业伦理规范的特征,阐述了教学与学生权利保护、科研伦理、与同事和教育官员的业务关系、社区中的教育者等具体领域的伦理规范以及伦理规则的传播,执行与强化,评论与再评估。阐述教师职业伦理规范是该书

---

① R. S. Peters, *Ethics and Education*, Scott: Foresman and Company, 1966.
② 王本陆著:《教育崇善论》,广东教育出版社 2001 年版,第 270 页.

的主要内容。[1]

第三,开拓教学伦理研究,深入探讨教学过程中的有关伦理道德问题。如 1985 年,美国学者斯特赖克和索尔蒂斯合作撰写了《教学伦理》。此书以 1975 年全美教育协会发布的教育伦理道德规范为切入点,密切联系教学实践中面临的道德问题,用理论阐述和教学案例相结合的方式,比较生动地阐述了伦理学效果论与利益最大化、非效果论与尊重人等基本伦理学理论;探讨了教学中的惩罚及正当程序,教学中的学术与思想自由,平等对待学生的多元文化和宗教多样性,民主、专业化和正直教学等问题。该书被用作师范生和教师进修教材,一经出版就受到很大欢迎,迄今已出版第五版。[2]

第四,突出教育中的现实道德问题探讨,对社会公众普遍重视的教育平等、教育评价和科研中的伦理道德开展专题研究。例如,1966 年,J. 科尔曼专门发表了调查报告《教育的机会均等》,该实证研究促使更多的人去理性反思教育机会均等问题。1989 年,M. 科勒主编的《为平等而教育》出版,其目的"主要不是在理论上研究那些不平等的表现形式,而是力图满足更好地指导实践的需要"。[3] 又如,里奇在《教育职业伦理学》一书中指出,对学生进行教育测验,要遵守把学生作为人来尊重的原则;要避免用可能导致给学生贴上带贬义的标签、羞辱学生、嘲弄学生之类的方式来使用测验;要体现真实性,反对舞弊,保护正直诚实的学生,公正无私地对待学生;要尊重学生隐私。[4] 再如,高校是重要的科研机构,专家教授面临着急功近利还是遵守科研道德的挑战。里奇在《教育职业伦理学》一书中还专门

---

[1] J. M. Rich, *Professional Ethics in Education*, Illionis:Charle C Thomas Publishers,1984.

[2] 肯尼斯·A·斯特赖克、乔纳斯·F·索尔蒂斯著,黄向阳等译:《教学伦理》(第五版),华东师范大学出版社 2018 年版.

[3] M. Cole (ed.), *Education for Equality*, London:Routledge, 1989.

[4] J. M. Rich, *Professional Ethics in Education*,参见王本陆著:《教育崇善论》,第 265 页.

探讨了教育科研伦理,他指出:"如何对待对象(人)所受的损害和危险、对象的书面允许、对象的隐私,是主要的教育科研伦理问题。处理这些问题的基本原则是无恶行原则、善行原则、尊重人的原则、自由原则。"①

第五,聚焦教育政策伦理问题研究,探讨制定和实行教育政策的伦理基础。由于教育政策直接关系到教育培养什么人、如何分配教育公共资源等一系列重大利益问题,成为西方教育伦理研究的一个重点。K. A. 斯特赖克和 K. 艾根主编的《伦理学与教育政策》对自由与大学,学生权利,自治、自由与学校教育,平等与多元化,技术与职业等教育政策问题进行了讨论,分析了这些教育政策中的道德矛盾以及处理矛盾的伦理学基础。②

第六,研究不同层次和类型教育的伦理问题,使教育伦理道德规范的引导更具有针对性。如美国伦理学家鲁滨逊和莫尔顿合著的《高等教育中的伦理问题》一书,系统地论述了高等教育中的内在道德伦理问题。该书从分析高校中内在道德冲突、事实和价值的关系入手,提出了以"公正原则""最大限度地实现利益的原则""普遍化原则""把他人当目的原则"处理教育过程中伦理道德关系的主张,还从理论上探讨了学校组织与社会的关系、伦理原则和学术价值的关系、共同职业人员的关系、高等教育中控制与维护的关系、教员的聘用和能力评价中的伦理问题、科研中的伦理问题、教学中的伦理问题等。③ 如 K. R. 豪等人合著的《特殊教育伦理学》,较集中地探讨了特殊教育机构中的道德问题。该书在介绍一般伦理学知识的基础上,探讨了共同政策与特殊教育的使命,分析了程序公正、教育资源分配和特殊教育官方矫治机构中的道德问题,如慈善机构失职、特殊教育教师成为

---

① J. M. Rich, *Professional Ethics in Education*,参见王本陆著:《教育崇善论》,第 264 页.

② K. A. Strike & K. Egan (eds.), *Ethics and Education Policy*, London: Routledege & Kegan Paul Ltd., 1978.

③ G. M. Robinson & J. Moulton, *Ethical Problem in Higher education*, New Jersey: Prentice-Hall, Inc., Englewood Cliffs, 1985. 参见王正平主编:《高校教师伦理学》,上海交通大学出版社 1991 年版,第 16 页.

破坏者、标签现象、教师对学生和家长的责任、对学生的特殊关怀等。①

20 世纪 80 年代至今,教育伦理学理论研究得到进一步发展,相关学术论文、学术著作和教材大量出现。其中比较有代表性的学术著作有美国鲁滨逊和莫尔顿的《教育伦理学——分析教育关系的尝试》,瑞士欧克斯的《教育伦理学引论:问题、悖论与展望》,美国芬纳的《教育伦理学》,美国斯特赖克、哈勒和索尔蒂斯的《学校管理伦理》,美国斯特赖克和索尔蒂斯的《教学伦理》等。目前,教育伦理学已成为西方应用伦理学研究和教育哲学研究中的一个重要分支,并成为许多师范专业本科生和研究生的重要专业课程。

在我国,对教育伦理学作为一门相对独立的学科开展研究,始于 20 世纪 80 年代。② 随着我国改革开放和经济、教育体制改革的深入,教育过程中的利益矛盾和道德价值观念的冲突日益凸显,教育伦理和教师道德问题成为教育界和全社会共同关心的重要话题。1988 年出版的《教育伦理学》,是“建国以来我国第一本教育伦理学著作”,在国内外产生了广泛的影响。③ 最近 30 多年来,特别是进入 21 世纪以来,教育伦理和教师道德的相关学术著作、教材和论文不断涌现,已成为我国学界普遍关注的一个理论热点。应当看到,一方面,教育伦理学理论研究方兴未艾,在广泛开展师德师风建设的实践需求的推动下,教育伦理学作为教育哲学或应用伦理学的一门新兴学科,其理论探索和教学实践正在不断走向深入;另一方面,教育伦理学作为探讨教育这一领域的价值与善的科学,其真理性的探索既具有鲜明的民族性和社会性,又具有一定的人类共同性。当前,我们正在建构新时

---

① K. R. Howe & O. B. Miramontes, *The Ethics of Special Education*, N. Y.: Teachers College Press, 1992.

② 王正平主编:《教育伦理学》,上海人民出版社 1988 年版,第 10 页.

③ 吕寿伟:《教育伦理学研究三十年的回顾、反思与展望》,见《教育伦理研究》(第一辑),华东师范大学出版社 2014 年版,第 340 页.

代中国特色教育伦理学理论体系,既要积极吸取中华民族几千年来积淀的优秀教育伦理思想,又要大胆借鉴世界各国教育伦理研究和实践的有益经验和成果。

教育伦理道德是人类教育文明进步的结晶,它具有某种"人类共同性"或"全人类性"。恩格斯指出:"对同样的或差不多同样的经济发展阶段来说,道德论必然是或多或少地一致的。"①教育伦理中所具有的"人类共同性",主要是由以下两个因素决定的。其一,人类教育伦理道德文明进步的实践表明,在相同的或几乎相同的历史发展阶段,各国各民族的道德文明价值追求或多或少具有某种共同性的东西。在当今世界,这些共同性的教育伦理道德价值观念,如教育公平、教育正义、教育民主、教育自由、教育仁爱等是全人类教育职业活动的共同价值,是人类教育文明追求的崇高道德目标。正是由于这些教育伦理道德共同性的存在,才使不同国家、不同政治制度下的教育交流和合作成为可能。人类命运共同体建设,要求我们建构人类教育命运共同体。教育伦理道德的共同性因素,是建构人类教育命运共同体的价值基础。其二,教育伦理探讨的是教育职业活动中的道德问题,而教育活动本身具有一定的普遍规律性。不同历史条件和不同社会文化背景下教育劳动的目的、对象、工具、关系和产品具有某种共同性的专业伦理要求,因而不同国家和民族的教育伦理智慧反映着教育规律对教育伦理道德的普遍要求,人们是可以互相学习和借鉴的。

"他山之石,可以攻玉。"实践告诉我们,立足我国的教育实践,建构中国特色教育伦理学理论体系,应当始终具有世界眼光,善于及时了解和掌握国外教育伦理研究的动态和成果,重视不同教育伦理、教师道德和教育文明理念之间的磨合、交流和对话。进入 21 世纪以来,我国在推进教育伦理学理论研究的同时,翻译出版了西方一些有价值的相关著作,这是有益的。我们在华东师范大学出版社领导

①《马克思恩格斯文集》第 9 卷,人民出版社 2009 年版,第 99 页.

和编辑的支持下，专门组织策划推出"国外教育伦理学译丛"，准备有计划、有步骤地翻译出版国外教育伦理学领域有影响的著述，希望为我国教育伦理学研究做一些基础性的理论资料工作。热忱欢迎国内外关注该领域研究的专家学者共同献计献策，一起为教育伦理学这一新兴学科尽智竭力。

王正平

2021 年 7 月溽暑

（作者为中国伦理学会教育伦理学专业委员会会长，上海师范大学教授、博士生导师）

目录

译序

加拿大的罗宾·巴罗博士对于从事教育哲学的同行来说也许并不陌生，他曾在威斯敏斯特公学和牛津大学基督教堂学院攻读经典与哲学，博士毕业于伦敦大学，论文研究的是柏拉图的政治哲学。在长达半个多世纪、跨越两大洲的教研生涯中，他先后就职于伦敦城市学校、莱斯特大学和西蒙弗雷泽大学，还兼任过西安大略大学和奥克兰大学的客座教授，发表了涉及哲学、古典学、教育学等多个领域的专著 23 部和学术论文上百篇。1996 年，巴罗教授荣膺加拿大皇家科学院院士。他在教育哲学领域的贡献使同行受益匪浅。

罗宾·巴罗主要研究有关教育的哲学问题，《教育中的道德哲学》一书是他的早期著作之一。不同于那些喜欢专注于某个狭隘、具体问题的学者，巴罗教授在学术上涉猎广泛、专博相济。他对认识论、伦理、教育问题，尤其是对一些哲学的基本问题诸如"什么是哲学""哲学为什么重要""哪种哲学有实用价值"都有着浓厚的兴趣和独到的见解。他深厚的学术功底使得这一专著呈现出以下三个方面的特点。

第一，本书有助于读者梳理概念。例如第二章详细介绍了道德相对主义和绝对主义的异同以及直觉主义和情感主义的来龙去脉，清楚地说明了这些概念之间的关系。绝对主义者认为道德规范永恒不变，但无法给出所有人都认可的证据来证明他们的道德主张,因而遭到质疑。相对主义者认为道德价值没有绝对的对与错,不同社会的道德价值可以不同,甚至同一个社会不同历史时期的道德价值也可以不同,道德价值的对错随具体社会的不同而不同。直觉主义者在同样难以通过实证研究之类的方式验证道德知识的情况下,一方面承认道德真理的客观性,认为道德真理不以社会品味的转移而转移;另一方面提出道德知识可以通过直觉获取的观点,不过这种直觉和相对主义所说的品味看起来并没有多大差异,导致直觉主义和相对主义难以区分。情感主义则是种特别极端的相对主义形式。情感主义者认为人们之所以难以找到令人信服的有关道德知识的证据,是因为世上根本就没有道德真理也没有道德知识,道德判断体现的只是个人喜好。

第二,本书的内容浅显易懂却又发人深省。例如,第四章中作者讨论"人生而自由"的命题时和"人往往很自私"及"人生来依赖母亲"的事实做类比,指出从"是"这样的陈述推出"该"那样的结论其实跳过了论证这一中间过程,犯了逻辑谬误。再如,在第五章阐述平等内涵时,他又针对一些反平等主义者试图将"平等对待"理解成"用完全相同的方式对待"的现象进行驳斥,指出"无论人生不生病,花钱给所有人分发同样数量的药品毫无意义,而且无论他们的身体状况如何,给所有人做手术是荒唐的。(因而)我们只给需要的人提供医疗帮助",进而提出"除了人们之间的差异构成差别待遇相关理由的情况,平等对待意味着同等待遇"的观点,思想深刻,逻辑严谨,深入浅出地引导读者全面思考什么是平等、如何实现平等等问题,从而帮助读者规避那些因过于简单粗暴地处理复杂问题而造成的错误。

第三,本书的实用性非常强。它不仅解答了一个经常困扰师生的问题,即如何将抽象的哲学理论与课堂实践相结合,从而充分发挥哲学对实践活动特别是教学活动的指导意义,还在最后部分就如何运用理论解决实际问题做了演示。例如,作者在第十章中提到学校如何开展创造性活动、怎样判断创造力的价值以及创造力为什么会有这样的价值，并澄清了一些流行观念中的误区。比方说，(1)率性、无拘无束的活动不会自动变成高质量的作品，优秀作品的标准是提高作品质量的工具，培养创造力不能废除客观标准；(2)如果评价优秀作品的唯一标准是真诚，那么优秀作品本身的价值堪忧；(3)没有参与过学校的创造性活动并不意味着将来会没有创造力，除了独立思考、勇于创新的精神外，开创性工作离不开专业能力的培养；(4)虽说不受特定标准束缚的创造性活动能让孩子们觉得放松，这种做法和功利主义者趋乐避苦、追求幸福的观点一致，但不顾质量的短暂快乐未必有助于增加他们将来的幸福总量。

总之，《教育中的道德哲学》无论对于初学者，对于有一定基础的专业人员，还是对于上这门课的老师来说，都是一本非常合适的参考读物。本人有幸接触并翻译巴罗教授的这本专著，获益良多。它既有助于我批判性地去思考一些时下流行的教育哲学观点，又有助于我对这类当前的社会热点问题形成独立判断。相信广大读者在读过本书之后亦会有同感。

本书的完善和出版得到了华东师范大学出版社责任编辑白锋宇老师的大力帮助，本人谨向白老师致以诚挚的谢意！

王丹斌

2021 年 11 月 5 日

引　言

我把这部分叫作引言而不是序言，是因为序言容易被忽
略。这几页内容虽然算不上精彩，但却很重要。本书在许多
方面有别于讨论同样话题的其他书籍，我想在一开始就把书
的结构说清楚。本书有四个值得注意的特点：

1. 它主要是写给教育学院或教育系的学生看的。或许
我可以把本书叫作"教育哲学"的简介，因为它用了教育中的
例子来介绍哲学方法。由于"教育哲学"一词的意思不易把
握，可谓仁者见仁，智者见智（对有些人来说又什么都不是），
用它作书名不合适。不过与其他介绍教育哲学的书不同，本
书的重点在于道德哲学和教育中的道德问题。

2. 除了用到教育中的例子，有兴趣的读者还可将本书当
作道德哲学的入门书。无论例子出自什么领域，道德哲学都
涉及同样的过程并且面临着同样的问题。有关自由、平等等
问题并不囿于教育领域。此外，有些问题，比如灌输，与家长
和教师都有关联。

3. 本书意在批评两种歪理：一种是道德哲学家们的传统
敌人，这种观点提出了一份有限的道德戒律清单，并声称它们
是众所周知的；另一种是与此相反的观点，它似乎是目前越来
越受欢迎，可能还未受到充分戒备的一种歪理，即认为道德价
值只是特定社会规定的观点。

4. 最后，本书和其他介绍道德哲学的书的不同之处在于，本书有意提倡积极的道德观（即改良功利主义）。我不回避用哲学方法分析道德概念，但我会尽量回避外行看起来没什么效果的哲学分析。我这么做，一方面是因为本书不是写给职业哲学家而是给外行看的，另一方面是因为读者关心的是哲学在实际问题中的应用，他们需要得出某种结论。

以上四个方面的考虑决定了本书的写作结构。第一部分我花了比通常多的篇幅解释正在发生的事情，即真正的问题是什么以及哲学为什么如此发展。第一章对于普通读者来说也许没什么关联，它意在阐明教育哲学主要做些什么以及为什么道德哲学是其核心。我有些同情那些认为教育哲学令人心烦甚至毫无意义的人。第二章讨论道德领域的主要问题，即判断哪些知识属于道德范畴。这章虽然在某些方面有些消极、压抑，但很重要，它的目的是消除无根据的假设。

第二部分通过梳理自由、平等、幸福等概念，我建议将改良功利主义作为合理的伦理理论，这是本书的积极部分。在第三部分开头，我简单回顾了康德的伦理学理论对当代教育哲学家的影响以及对功利主义的表面质疑。接着讨论两个概念，两个和康德有关又正受到关注的概念，即尊重个人和自主。在论述了"权利"这一概念之后，我试着讨论教育领域中多多少少涉及道德判断的一些特殊问题，比如：如何确定学校该发生哪些事情？强调开展创造性活动的理由是什么？如何确定学生自由的限度？平等受教育条款包含什么内容？如何避免道德灌输？

需要强调的是这本书是实用的，它在每章开头都会为进一步探讨提供实质内容。第三部分的目的不是要给出明确的答案，而是要说明在实践中接受第二部分提出的伦理观点时会涉及什么，解决特殊问题的各种答案背后有着如何不同的伦理假设。第二部分本身并不能被看作是确定的或可信的，但在我看来，它提供我们讨论的基础还是有说服力的。

虽然无疑许多读者会挑第二部分的毛病，我希望这种方法，也就是分成三个部分讨论的方法,能帮助读者意识到道德领域内在的问题,同时认清自己的立场。

我并不打算——阐述别的哲学家对于本书主体部分所涉及的各类话题会怎么看,不过作为弥补,我在每章的结尾附上延伸阅读相关建议。这些阅读建议均基于我个人的选择,但没有两位哲学家会对这个领域各类书籍和文章的价值持同样的观点。我的选择依据如下:(1)文章或书的可及程度;(2)对于学生的合适程度;(3)内容吸引人的程度;(4)事实上的普及程度。

11

第
一
部
分

第一章

哲学和教育

　　"哲学家"一词源于希腊语,意即"热爱智慧的人"。著名　　
希腊哲学家,比如柏拉图和亚里士多德,从不苟求自己分清关
于哲学家角色限制的细微差别(虽然柏拉图也曾花时间去证
明他——一个真正的哲学家——与各类冒牌货之间的差别,
在他眼里冒牌货只关心不择手段地赢得争论)。在他们看来,
哲学家只对获取各个领域的知识、追求真理感兴趣。例如,用
我们的话说,亚里士多德是政治理论家、文物收藏家、道德哲
学家和生物学家;而用他自己的话说,他是个哲学家,无论他
醉心于文物收藏还是生物研究。柏拉图和亚里士多德从不纠
结于他们名义上该做什么不该做什么,或哲学的范畴是什么。
只要是想得到的问题,他们就去寻找答案,并努力求解这世上
方方面面的问题,最终目标是为人类的幸福生活做好规划。

　　时代变了。广义地说,如今哲学家的任务是探求实证科
学不做调查的那部分人类经验的真相。他们通常关注的问题
是上帝是否存在,对自由的渴望和对秩序的渴望之间的矛盾
如何调和,或者给艺术品设置准入条件的做法是否合理。这
些问题都不能通过实验、测试或者观察得到答案。当人们说
上帝存在时,其意思是指某种极其强大的存在,或多或少具有
人的形状,出现在某处,就像一些希腊人相信拟人化的宙斯居
住在奥林匹斯山那样,这种说法的真假显然要通过实验去求

证。理论上说，一个人只要上奥林匹斯山持续观察一段时间就能证明宙斯存在的说法是无凭无据的。然而，现在没有几个人心中有关上帝的想法是如此简单。他们心目中的上帝是抽象的，他们信奉的上帝是任何实证研究都无法证伪的。因为当他们说上帝存在时，他们的意思不是指云端坐着位长胡子的老人，所以火箭和宇宙飞船在探索每一寸天空时都没遇见过上帝的事实并不能说明上帝不存在。

哲学家就从这里开始介入。他这么做并不见得是因为他信或是不信上帝，而是因为他有兴趣去证明上帝存在这一说法的真假。然而，正因为上帝确实存在的说法一般会涉及一位实证研究触摸不到的上帝，所以哲学家问的第一个问题多是："那么，你说的上帝是什么意思？"接着他会进一步问一些诸如有哪些可以算是证据以及把人的五官感受不到的东西说成"存在"是否合理之类的问题。面对超出实证范畴的问题，他改用其他唯一的方法去寻求真理，那就是推理。特别是他会根据意思进行推理，因为在有些领域，真假即便不完全也在很大程度上取决于确切的意思是什么。生活中，对于我是不是个称职丈夫的问题，一方面要看我如何对待妻子，但另一方面同样重要，就是要看"称职丈夫"意味着什么。

因此，如今哲学家们关注的是只能用推理来寻求真相的人类经验领域。不过，除了研究范围比过去的哲学家狭窄得多外，他们在实践中把哲学划分成宗教哲学、艺术哲学、政治哲学、道德哲学等若干分支，进一步限制了探索活动。这些分支已经存在了一段时间并逐步得到认可。近来涌现了大量的这种或那种新哲学，包括数学哲学、行动哲学、科学哲学，当然还有教育哲学。

这种区分是否真实、有益或者有价值，是个因人而异的问题。（比如，还没有地理哲学或流行音乐哲学的迹象，但有何不可？）有些分支如宗教哲学，进行单独研究也许比较容易理解。我们知道探索宗教真相需要投入全部的时间，并且这种探索也不需要参考道德、政治、艺术或数学。其他分支如教育哲学，在我看来就没有独特性。假如教育领域涉及宗教教育和美学教育的问题，那么我们要在这个领

域进行完整的哲学推理，又怎能不涉及宗教哲学、艺术哲学？假如我们事先没有 17
调查过宗教信仰是怎么回事，那么我们就不能说清楚该采取哪种方式开展宗教教
育。特别是我认为教育哲学和道德哲学不能割裂开来。假如要把教育哲学单独
拿出来研究，我相信这么做的价值是有限的。我会在本章的下一节就此展开阐
述，并说明为什么在我看来道德哲学是教育哲学中最重要的部分。现在我只想说
明一点，与"教育哲学"这一名称相比，我更喜欢"哲学在教育中的应用"这一说法。

道德哲学作为哲学的一个分支，也许能算得上是与众不同的。它关注的是行
为、举止、手段的好坏问题。任何一个对"道德"一词不是一无所知的人都会理解
这些术语，特别是"好"与"坏"，在道德和非道德意义上都能使用。比如我们说好
车，意思只是指它性能好、靠得住。这个"好"和"他是个好人"中的"好"显然是不
同的。同样，道德哲学关注的是这些术语在道德意义上的用法。它关心的是找出
那些在道德的层面上我们能确立为真的东西，或者确切地说，在不同的人所理解
的道德层面上我们能确立为真的东西。

因此，道德哲学和任何一个自问过"我该做什么"或"这是对的吗"的人都有关
系。它也和任何一个曾对他人做出过道德评价，即赞美或谴责过他人行为的人有
关。换句话说，它实际上和每个人都有关系。

不过，道德哲学尤其和教师相关。这不是因为教师特别容易基于假定的学生
利益，对学生或替学生做出道德评价，也根本不是因为教育从整体上看受着道德
问题的困扰，虽说事实也的确如此。将道德哲学作为教师要务有两大理由：一是
教师本身的立场会受到道德问题的限制；二是教师肩负着学生道德教育的使命。
假如一位教师在一定程度上善于反思，不会简单认为想做什么就去做的话，他就
免不了要考虑一些问题，如：在什么情况下给予什么样的惩罚（如果需要的话）才
是合理的？他把自己的价值观传授给学生是否合理？学生在多大程度上有自己 18
做决定的自由？哪些是他该对校长履行的义务？

第二个理由也许最让人信服：目前在大多数学校里，"道德教育"没有被列入课表，即学生不上道德课。结果是各科教师每时每刻都要用他们认为合理的方式关注学生的道德发展。不管想不想做，他们都参与到了个体的培养之中，这些个体最终都有各自不同的道德态度，都要正视各类道德问题，做出各种道德决定。如果道德教育不是问道于盲、装装样子，那么至少我们希望教师在做出某种意义上正确的道德判断时能理解这些问题并把这种理解传递给学生。

我有意强调的是理解道德相关问题这一想法，而不是说教师必须知道这些道德问题的答案，因为现阶段在这个领域谈论"知道答案"是否有意义，本身还是个开放性的问题。许多哲学家认为这毫无意义。如今的哲学家已经达成共识的一点是，道德哲学家的工作不只是制定一整套行为准则来告诉人们该怎么做。那是属于旧时期哲学的一种活动。两千多年来，道德哲学至少弄明白一件事，那就是对于问题"一个人在这种情况下该做什么"，没有人能确定如何用事实确凿地证明这就是唯一的正确答案。

这种不确定的结果就是，如今的道德哲学的研究，至少在西方，多以一种和宗教哲学相似的方式进行，把注意力放在分析各种道德概念的含义、考察道德术语使用背后的原因等方面。例如，它研究道德陈述和其他陈述间存在哪些差异。它研究"平等"意味着什么，我们要求人人平等时要的是什么。平等是天赋人权吗？天赋人权是什么？我们知道《美国独立宣言》对于人人拥有、无法剥夺的天赋人权所举的例子，即自由、生存和追求幸福，但它们意味着什么？举出有关人们视为天赋人权的例子并没有告诉我们天赋人权意味着什么。"天赋"可以有很多意思：正常、基于人的天性、处于天然状态。但是说基于人的天性他有自由的权利又意味着什么？为什么这种权利无法剥夺？显然是可以剥夺的，所以我们必须解释清楚所谓的无法剥夺意味着不应剥夺。但那又意味着什么？为什么不应剥夺？

这些问题显然非常重要。如果连自己在说什么都不清楚的话，那是不可能有

19

多大进展的。但凡有些自尊心的道德哲学家都不会选择避而不谈这些问题。然而，许多初次接触道德哲学的非哲学家或学生会发现，哲学家们在什么事情该做的问题上靠专注于道德词语的意义来避免说出明确的想法或下结论。哲学家不愿制定道德规范，讨厌那些在尚未确定的问题上就贸然言之凿凿的人，这是有充足理由的。然而，假如一个哲学家向听众讲清了事情的来龙去脉；假如他指出并解释了确定真相的重重困难；假如他的结论不能作为专家意见得以权威发布，而要读者根据自己的取舍做出判断，那么我看不出草拟一个明确的想法有什么坏处。这是我打算在本书第二部分做的事情。不过为了满足上述条件，首先必须澄清道德哲学的核心问题，即谈论道德知识或道德真相有多大意义的问题。这个问题将在第二章讨论。第一章剩下的部分将讨论道德哲学作为教育哲学重要组成部分的理据。

教育理论

师范生一般都需要学习某种形式的教育理论。具体是哪种形式的教育理论，在一定程度上因地域和时间的不同而不同。这里的目的不是要深入讨论怎样在大学和教育系更好地推广教育理论这个话题，而只是想简单地说一下教育理论的本质及某种形式教育理论的重要性。然而，它的重要程度显然会在一定程度上影响到它的推广，就好比一个人对教育活动中运动（movement）重要性的看法会在一定程度上影响到一个人对注重儿童运动该怎么做的看法。

世上有数学、心理学科，但没有类似的教育学科，对于这点，现已争议不大。也就是说，你不能像研究历史那样研究教育，不能像做数学那样做教育。因此，说某人是教育学家，不等于说他能像科学家那样擅长专门用于解决某种问题的某种

20

研究方法。相反,说某人是教育学家,只是说他感兴趣的领域是教育。但这个兴趣领域会涉及许多问题,这些问题要么种类截然不同,要么解决方法需要用到不止一门学科的知识。特别是那些本质上属于哲学、心理学、社会学、史学的问题在教育领域不断涌现:为什么实际上宗教教育会在所有学校课程中占据重要地位?造成教育机会均等和教育成果相当这两者之间并无多大联系的社会因素是什么?不同的孩子如何应对不同的惩罚方式?惩罚孩子是不道德的吗?因此,教育研究首先会涉及这四个学科在教育领域的应用。"教育理论"作为一个统称,涵盖了所有教育领域中进行的哲学、心理学、社会学、史学方面的研究。从事教育理论研究,就是去关注各类教育问题,厘清问题所涉及的各项因素并试着加以解释,以及如果必要而且可能的话,提出解决办法。因此,当务之急或许是为小学制定合适的课程。如果一个人意在制定基于理性而不是臆断的课程,那么理想状态下他需要用到这四门学科,因为它们提出的问题、提供的答案合在一处就构成了采用某套课程的相关理由。正如英国教育学家赫斯特所说:"课程内容方面的决策如果无视社会学、心理学、哲学方面的因素,是非常站不住脚的。"[①]我们还可以补充一点,虽然在这个例子中史学可能看起来没有多少直接关联,不过它有它的用处。例如,它会让我们注意到某些我们现在觉得理所应当的内容当初只是偶然被加进课程的事实,从而去思考这些内容在课程中的重要性。

但现在,如果这就是教育理论所涉及的内容,那么那些认为理论是无关的且在浪费在职教师时间的人又怎样呢?这时候就有必要区分两种观点:一种观点是理论本质上与在职教师无关,应该将它从大学和教育系的课程中删除(强命题);第二种观点截然不同,它认为理论和实际必须紧密结合(弱命题)。

强命题无疑是荒谬的,它似乎以思想和行动可以割裂开来为前提。也许对于傻瓜或机器人来说,它们是可以割裂的。由此可推,也许个体能以某种方式行动而不需要这么做的理由。但事实上这不是我们的行为方式,我们也没有明显的理

21

由希望如此。无疑对我们中的许多人而言，大部分时间行动背后的理由是模糊的、不够充分的或只是脑海里不成形的想法。然而，我们却选择这样做而不是那样做，我们的选择是建立在理性判断之上的——因为做出选择，确切地说，就是出于某种原因选择一件事而不是另一件事。这就是为什么在我们毫无缘由地以一种方式而不是另一种方式行事的情况下，如果要说是选择，我们就把它叫作盲目选择或随意选择。

不完全随意的实践以思维为先决条件。同样，有根有据的实践显然以知性思维（informed thought）为先决条件。既然教育理论研究设法从事有关教育问题的知性思维，那么教育理论又怎么和教育实践没有关系呢？教育理论，需要用到各个学科的知识来阐述和教育问题有关的各种理由，是知性教育实践的必要条件。教师对心理学和社会学一无所知，也没有史学、哲学方面的技能，这并不表明理论和实践能割裂开来（更不用说必须），因为只要他有思维，他就在从事理论研究。如果他无知又无能，那么这样推理出来的教育理论将是糟糕、片面的。

由此可见，教育理论原则上必须和教育实践相关。我说"原则上"，是因为个体总有可能忽略论点中的主张。他可能经多方考虑，知道让他改变做法有着充分的理由，但他依然我行我素。不过，这个责任大抵是个人的而不是理论的。假定我们不考虑这类个体，那么教育理论和教育实践有着三方面的关系。

首先，如上所述，理论可能直接带来实践上的变化。心理学和社会学上的新发现显然会影响在特定场合对待特定孩子的最佳方法，从而要求教师改变现有做法。一般来说，单是思考自己在做什么、为什么这么做就可能带来实践上的变化，因为反思可能让一个人发现他的做法是无凭无据、无的放矢的。

其次，理论能改善实践。研究理论的结果会使我们更敏锐地洞察自己在做什么，以及为什么这么做。理论能提供新的信息和看待实践的新方法，从而使我们的实践更好、更有效，因为我们更明白究竟是怎么回事以及我们究竟想做什么。

22

假如事实是与教育相关的各种学科的任何研究都不能从本质上改变或改善课堂教学,那是对教师的过度指责,因为这意味着教师实际上所做的和他们的所信、所知、所想等毫无关系。让我们讲得更明白些:所谓理论和实践无关所以不能影响实践的说法纯属无稽之谈。事实上理论不会影响实践的说法就是指教师没能照着他们认为有理的方式去做,或者他们没能形成或改变自己的想法,这也是无稽之谈。声称理论不应该是在职教师关心的问题,即要求他们深入实践而不必深究某种实践背后的原因,这是个很奇怪的要求。

迄今为止,理论和实践之间的联系可从个体的理论和实践之间的联系来看。但如果不考虑实践的话,理论对在职教师来说还有第三种联系。无疑,教师作为教育的一部分,必须也的确对教育这个整体感兴趣。例如,小学教师要承担各类教学任务,完成各种教学目标,想必他是照着教育大视角来做的。虽然他不在中学上课,但那里的事儿也和他有些关系,因为他不希望中学否定掉他所有的努力。因此,他希望他的努力对孩子们下一阶段的教育来说是有意义的。此外,一个教师关心的不仅是自己的教学,还关心别的教师是否也这样而不是那样教学。例如,一个致力于开展"统整日"(integrated day)教学的教师,如果对其他学校课程规划都不采用"统整日"模式的事实漠不关心的话,那是很不寻常的。这只是说尽管某个教师完善了自己的实践和这样实践的理由,但仍有无数他感兴趣并颇具争议的教育问题需要用到教育理论涉及的各学科知识,这样他才能进行理性的思考。换句话说,一个教师很少只把自己当作教书匠,他还把自己看成一个教育家(他也确实该这么做)或者一个关注整个教育领域的人。

23   如果以上论证可靠,那基于理论和实践不可割裂,理论能解释并改善实践,理论能改变实践,以及理论有益于教育家、教师或课堂实践者等原因,我们拒绝强命题。

弱命题截然不同。它探讨的不是是否需要进行理论研究,而是如何进行理论研究的问题。我特别关心的是下列建议，即教育理论的研究必须以学校、课堂或实际问题为基础，而不是从接触构成教育理论研究的基础学科开始。不然有人会说事实上许多教育理论和实践无关，因为它们是和教师的课堂经历相去甚远的纯哲学或心理学研究，但事实并非如此。

让我们先求同：所有人都赞同理论的意义在于指导实践。确实，上述内容对理论的维护不外乎表明它能影响实践，并且理性修正实践要在理论指导下进行。于是我们都会赞同那种不考虑孩子特点或不考虑教师遇到实际问题的教育家的理论应该受到批评。因此，当赫斯特提出"理论必须从实际问题出发，并且坚持为解决特殊复杂问题服务"[②]时，本质上我们同意他的观点。当然，理论确实是从实际问题出发的，而且若要把握理论的观点，这点必须明确。因为我们的理论研究中有实际问题，所以理想的做法是把理论用到实际问题中去。不过，理论应当考察什么"特殊复杂问题"呢？为什么它应当"坚持"这么做？

从理论必须为确实存在的实际问题服务这一无可争议的建议中，显然不能得出理论研究必须建立在学生面临的具体问题之上的结论。这不是说学生的具体问题可以被忽略，但有三个理由可以很好地表明为什么理论研究不能局限于从学生经验中产生的问题：（1）从本质上来看，他们的经验可能比较狭隘；（2）他们可能碰到了复杂问题却视而不见；（3）有些重大的复杂问题可能需要关注，但还没有出现。因此，对于理论要为"特殊复杂问题"服务的要求，我们应当理解为理论要为教师大众都会遇到的问题服务。

那么理论要"坚持"为实践服务的说法呢？它是什么意思？坚持指的是多久？我们假设这个词的含义如下：理论研究必须参照实际问题进行，任何讲座或讨论必须关注某个具体的教育问题。因此，我们不能把自由作为哲学问题来讨论，而要结合具体的教育问题，例如"如果孩子们想，他们该不该有退学的自由"。对于这个建议该怎么理解？

24

有一点非常明确：如果要对"孩子该不该有做这做那的自由"之类的问题进行有意义的探讨，人们就需要熟悉或者有能力应付自由由什么构成的复杂问题，不然，又怎能对涉及自由价值的那些说法做出意义和地位上的价值判断？再者，人们很可能需要熟悉心理学甚至社会学方面的知识，究竟需要什么知识取决于具体问题。这里只是说这样一个问题的圆满解决需要一点哲学思维和其他学科知识。当然现在在解决具体问题之前，你不必一头钻进哲学、心理学或其他学科中。你可以把具体问题作为一种引进相关学科的方式。不过到了某个阶段，如果真要探究而不是表面上应对这个问题的话，你得走出单纯教育的领域。还是看上面那个例子，到了一定的阶段免不了需要追问有关自由的问题。不了解或不考虑一般意义上的自由就不足以回答有关孩子自由的具体问题。

既然如此，就难以理解那些沉迷于从课堂情境出发的人在担心什么。究竟是在有关孩子自由的具体问题产生之前考虑自由的问题，还是在诸如此类的具体问题产生时加以考虑，我认为都不是什么大事。不过，我略为倾向于按事件的逻辑顺序从事，即各学科介绍，方法启蒙，问题的解决，各学科在具体教育问题上的应用。赞成这种方法的人会说问题和各学科的变化方式不同，对各学科本质的了解有助于复杂实际问题的破解，过度拘泥于课堂情境会影响到对当前课堂之外的种种可能的关注。

25 我能想到的这种方法的不足，便是学生可能会觉得它不在解决他们的现实问题或它和教育无关。无论哪种不足都改变不了我的看法。例如，对自由进行理论研究和教育无关，这一说法就难以令人信服。既然这么做是研究某些教育问题的先决条件，那么它显然和教育有关。另一不足在于它假设问题能马上得到解决。事实上解决一个具体问题的速度取决于一个人在解决这个问题所涉学科方面的能力。"如果孩子不想读书，那他们该不该有这个选择的自由？"对于这类问题，很难快速作答。

总之,教育理论包括哲学、心理学、社会学和史学在教育中的应用,对有根有据的教育实践来说是必要的。在大学和教育系怎样处理理论部分是最好的,这在某种程度上还很难说。但有一点是清楚的:不管怎样,把这些学科中的每一门作为独立学科而不只是它们在教育中的应用来了解并掌握是必要的。把理论建立在实践基础上的做法完全合理,只要我们不会误认为局限在教育领域讨论所有教育问题是有意义的。

因此,我觉得下面这段英国课程理论家斯滕豪斯的陈述有点难懂。他说:

> "课程作为一个领域必须以学校和课堂研究为基础,而不能用'构成学科'一般应用的方式去研究。如果哲学、心理学、社会学和史学与课程研究有关——对此我毫不怀疑——那也是通过它们在具体问题中的应用即实证研究体现出来的。"③

简单分析一下这段引文,正好可以说清楚上述大部分观点。首先,我们不完全清楚斯滕豪斯说的是课程领域教育研究的方法还是学生应该采用的方法。让我们折中一下,假定他说的是大学和教育系课程研究的方法。

其次,这种方法到底包含了些什么? 哪些实证研究反映了具体问题? 斯滕豪斯是不是想说研究必须从人们经历中发现的问题出发? 什么人能又如何能在不了解各科知识的情况下发现问题呢? 当然谁都有发现自己遇到问题或有什么行不通的时候,即使他对任何一门教育学科一无所知。但就算是感觉某事不可行,也要以某种目标或成功标准为前提,而认为某事不起作用的主张则意味着有必须达到某个目标之类的要求。如果希望要求本身是合理而不是随意的,就得依赖于一定程度的教育理论建构,在这里是教育哲学的理论建构。此外,发现问题是一回事,即感到有什么地方出了错,但找出问题的实质是另一回事,这有赖于更为复

26

杂的教育理论。换句话说,事实上把某事归为问题的前提是要具备教育理论方面的能力。

一个人如果没有一点哲学、心理学、社会学或史学的基础,而且对这些和教育相关的学科一窍不通,那他又怎么能发现问题呢?即便是显而易见的问题,如孩子什么也学不进去,也是一个学习成绩是否能达到教育目标的问题。

第三,更显然的是,为了解决教育问题,你需要相关学科的能力,因为它们能提供解决各类教育问题的技能和知识。也就是说,对于一个像"我们该拿这群讨厌读书的七岁孩子怎么办"这样的具体问题,如果要好好回答,我们就必须先弄清以下几个问题:"这重要吗?""为什么他们讨厌读书?""有什么办法能让他们不讨厌读书?"要好好回答这些问题,又需要用到教育学科群的某种能力。当然,如前所述,获得这种能力的途径之一是思考这类例子。但改变不了的事实是:解决这些问题的理想方法需要各学科能力,因此在能有的放矢地解决这些问题之前,我们需要在某个阶段以某种方式涉猎相关学科。

最后,最重要的是斯滕豪斯的方法看起来风险很大,因为它会使我们走进此时此地的陷阱而不能自拔。这种过于关注现状的结果是我们最多只能在原课程体系上做些小修小改。但假如我们要更进一步,不准备拘泥于源于现实又必须从现实角度进行考量的问题呢?假如我们想质疑眼下这一整套糟糕做法的有效性呢?如果对构成学科不求甚解,那你又怎么能做得到?可见,只有从那些学科而不是课堂出发对新事物进行合理推理才行。

斯滕豪斯似乎坚决反对柏拉图或卢梭那些激进思想家所迷恋的理论幻想。现在我们当然可以挑这类理论家的毛病,理由是他们在某些地方似乎忽略了现实中孩子和世界的样子。不过在他们无视孩子真实样子的幻想里,我们也只能说他们在这点上是错的——当然要这么说的话,我们自己得擅长儿童心理学。在他们无视世界真实样子的幻想里,我们该为他们喝彩,因为他们的目标是改变世界而不是反映世界。的确,只要一个人有能力玩转各个学科并熟悉它们涉及的各种知识,那么没有比思考超越现实的可能性和观念更令人精神振奋或向往的了。

让我们回到主题上来,对教育问题所作的知性评价和判断必然需要各构成学科的相关能力。如何最有效地获得这种能力是个方法问题,对这点还有争议。不过是否需要这种能力已经毫无争议,因此我不必为本书其余部分中用到哲学思想的段落多做什么解释,也不必为第二部分我重在讨论道德哲学并把它作为第三部分讨论教育背景的引子再多做什么解释。

教育哲学

比教育理论和在职教师无关这一论调更为普及的观点是哲学在教育领域毫无用处。说得再具体一点就是,人们通常认为教育哲学所包含的内容并不清楚;它是一直在进行着的有关教育的智慧交流;事实上它只不过是智慧的交流,而把它作为一门独立学科是有些特别的。我们难道不希望并假设其他学科也充满了智慧的交流? 那有什么必要去研究教育哲学呢?

可以说社会学、心理学和史学的目标是提供有关孩子和学校的可以证明的事实。它们确定或不那么确定地告诉我们过去或现在的情况是这样或那样的,以及这么说的依据是什么。偶尔在这个或那个领域的专家意见会不一致,有时学生得到的信息或事实性结论也是错的。但至少我们知道是怎么回事,在允许出错的情况下,这些事实显然和任何一个对教育感兴趣的人密切相关。同龄群体对孩子可能产生影响的事实或孩子在特定发展阶段心理上接受不了某些概念的事实都是有用的。

相比之下,哲学给不了我们这类信息。它不会确切地告诉我们孩子怎么样,也给不了我们有用的事实。在挑剔的观察者看来,哲学只是在对人们如何使用词汇方面吹毛求疵。这样的观察者也许会说,只要读一读《大不列颠教育哲学学会论文集》就能了解,教育哲学家为了达到自己的目的花时间重新定义了"教学""发展""教育"等术语。他们会花上几个小时思考"教学"是否必然意味着要学到点东西。(如果学生什么也没学到,那我们是该说教师"教"他还是教师"试图教"他呢?)当然这些哲学家必须承认这种问题没有"正确"答案,问这样的问题得不到什么结果。人创造了语言,我们希望"教学"是什么意思就是什么意思。是否人们都觉得只要开展教学就该学到些什么的问题和我们作为教师希望学生学到东西这一点相比无足轻重。

有关教育哲学主要关注教育术语分析的说法基本正确,从上一节描述的哲学的总体研究状况来看这也不足为奇。此外,考虑到专设课程来研究术语的情况,让师范生进行这样的语言分析意义不大的想法在我看来至少是可以理解的。换句话说,虽然我不认为教育哲学家所做的事情是没有价值、无足轻重的,但如果教育哲学只是对教育术语进行分析,那么我对独立开设教育哲学这门课以及对教育学院哲学家的必要性持怀疑的态度。为了弄清这一点,首先需要思考一下如何才能驳斥上述对教育哲学所做的批判。

29　　　任何善辩的哲学家会马上退一步说语言是人创造的所以难以捉摸,但正因为如此才需要细细琢磨。论辩靠的是语言,重大论辩十有八九在论证的节骨眼上有个别措词会非常含糊。比方说,有人告诉我们教育必须考虑学生的利益,并以此为基础精心制定教育计划。当然,人们的第一反应是不该忽视学生的利益,但如果他真的沉思片刻,就会发现利益这个概念有歧义。符合我的利益是否就是我想要的?是由他人来判断什么对我有好处还是由我自己来判断(也许和我想要的不同)?显然我们需要弄清楚什么是"孩子的利益",因为这会影响到教育计划的合适与否,甚至使人改变对教育该不该考虑学生利益的看法。还有,有人经常告诉我们教师要避免灌输式教学,虽然我们大多数人都对灌输有个大概的了解,但真要保证不这么做的话还是需要讲清灌输的意思。比如,我给儿子播放贝多芬唱片,希望他能传承我的爱好,算不算灌输? 我用各种方法让他知道一些礼仪规范,算不算灌输? 我给他准备儿童读物,又算不算灌输? 总之,教育问题辩论中时常会出现一些需要仔细斟酌的词语,这些词语需要分析才能显现出歧义,才能使我们在任何时候都清楚自己在说什么,从而能进行真正的沟通和辩论。

哲学家进而会把这一点和其他学科能提供有用信息的说法联系起来。是的,它们的确可以,但只有我们能理解并且没有夸大它们意义的时候,这些信息才有用。例如,心理学家会告诉我们某项考试的成绩和创造力密切相关,在这项考试中得高分的孩子以后会显露出更强的创造力。这是一个事实(让我们假设是)。真的是事实吗? 一个有用的事实? 在我们弄明白"创造力"的意思以及我们是想激发、忽视还是扼杀这一定义下的创造力之前,该事实毫无用处。

"创造力"是被叫作规范性(normative)词语的一个例子。规范性词语是那些既用来描述又用来说明描述对象有些价值的词语。例如,形容词"圆的"只是描述性的,我们说什么东西是圆的时不一定带任何赞成或反对之意。形容词"勇敢的"是规范性的,如果说一个人勇敢,我们不仅赋予他某种行为特征,而且暗示这种行为令人钦佩。规范性词语有很多,它们是教育问题辩论中的祸根。由于"创造力"是规范性的,而且人的自然倾向是假设创造力是好东西,因此人们很容易听心理学家的,认为某项考试的成绩能预测创造力的大小,进而相信用让孩子在这项考试中考得好的方式去教他们是对的。不过,心理学家所谓的创造力和你认为的是否相同? 而且撇开"创造力"的规范意义不谈,双方眼中的"创造力"是否是一种值得从小培养的素质?

这些是重要问题。对于某事确实如此的陈述,就算人们完全明白其中的意思,其意义也有限。它本身并没有告诉我们该怎么做。当然在实践中,我们一旦

30

得到事实类信息就经常会直接跳到该怎么做的结论。如果有人告诉我约翰尼在隔壁房间用鞋打露西的头，我不会闲着先思考这一事实意味着什么，而是马上去隔壁加以制止。但是，决定或者想要阻止或鼓励事态的发展显然与意识到眼前情景或事实真相是不同的。史学家、社会学家和心理学家尽他们所能地提供信息，但我们必须警惕，不要假设他们能做得更多。我们必须警惕——尽管辩论、讲座或其他方式告诉我们情况是这样、那样或怎样的，但是我们不能就此在无形中得出一连串情况该是这样、那样或怎样的结论。从逻辑上看，描述和规范或评价截然不同。无论我们个人觉得在某种情况下该做什么的某些想法奇怪与否，面对任何事实陈述说什么都可以，"忽略"也好，"改变"也好，本身没什么不合逻辑。我们也许对那个听到邻居家的房子着火后说"让它烧"的人很反感，但他没有不合逻辑。一个人不能只凭有关事实的陈述而得出该做什么的结论（虽然这些事实和该做什么的决定是相关的）。教育学家容易在不知不觉中做这种事，常用方法就是在论辩中使用意义尚未明确的规范性词语。

哲学家们指出在理智地支持或反对某种观点前知道关键术语的含义非常重要，并以此来为他们所做的语言分析进行辩护。虽然我们可以说某些术语更值得分析，而哲学家们在无关紧要的术语上花了太多的时间，但是我们一定要认同一点，即这项工作的确是需要做的。我们的确需要仔细地考虑清楚"有创造力的""利益""需要""智力"等词语可能有的所有释义。

由此我们得到结论，哲学家得在教育辩论中充当裁判或警察。根据这一观点，他的作用是确保他人在理性辩论中按规则行事。这样的规则有不少，例如：辩论各环节间要有逻辑联系；情感偏见不能作为论据；所有相关证据都必须加以考虑。但其中令哲学家裁判最感兴趣也是最微妙的两个规则仍是前面提到过的两个：靠含糊的措词赢得辩论，以及用规范性词语悄悄将事实性描述变成规范性评价来赢得辩论。

鉴于对哲学家角色的这种看法，难怪许多人会觉得他们相当傲慢，没做出什么突出贡献却能尊享专业称号的殊荣。他们所做的只不过是号称比其他人更擅长发现疑点或论证漏洞。这不等于说他们比别人更善辩、更善于下结论或更理性吗？许多人对此感到不服气也在情理之中。

当然哲学家会急于申辩，与其说他们更擅长冷静的逻辑推理，不如说哲学推理或哲学需要超脱理性的努力。哲学是理性分析，实际上一些哲学家直接将它定义为"逻辑思维的练习""专注于批评或澄清的一项活动""一种思维技巧"或"关于意义的思考"。因此，可以说没有迹象表明哲学家更理性，只是人们应当有哲学的思维方式；换句话说，应当想清楚自己所用术语的意思以及论证的逻辑性。

这很有道理，也给了职业哲学家事做，也许在学校里是这样。那儿他们能有效鼓励孩子们更深入地思考他们所谓的电影"超好看"或唱片"真棒"究竟是什么意思。

但这样的哲学家角色观能否成为他们在教育学院或教育系占据一席之地的理由呢？在这些地方，他所面对的不是孩子，而是已经充分意识到思路清晰和理性辩论的重要性的成人。他很可能会回答，虽然他不愿过于公开地这么做，学生可能只是意识到重要性，并不意味着他们擅长于此，再说教育领域也会产生学生从前没有仔细考虑过的新术语。换句话说，假如他准备不再提人人都应用哲学的方式思考，他也不是专家所以不比别人更擅长此事，他就能以教学生分析复杂、含糊的教育术语来提高思维能力为由提出他的薪资要求。然而这样行吗？

哲学家裁判爱监管他人的说法出自他们的同事和教育家之口。比如，我们假设心理学家谈到了"创造力"而未做明确解释，接着还给出了评价。当然，他确实有可能这么做。但是，人们可能会想，用哲学的方法单独讨论"创造力"这一概念并点破术语存在的歧义，又怎能有助于我们理解心理学家的用意呢？无疑哲学家在指出有些术语如"创造力"是（1）含糊的（2）规范性的时候，他已经尽量使这话具

32

有实际参考价值。对于这点,我想我们都会认同,或许有点听腻了。现在需要的是由心理学家来澄清这术语在他的语境里是什么意思,而不是由哲学家来说某人使用的术语在不同语境下可能是什么意思。哲学家坚持说哲学只是关于意义的思考恐怕在自掘坟墓,因为他的同事如心理学家无疑和他一样明白逻辑性、清晰度和公正性的重要性。正如那些将哲学直接定义为"对意义的批判性思考"的人主动承认的那样:我们琢磨一个词、词组或论点意义的时候都在用哲学的方式思考,我们都在思考意义。

一旦承认这一点,那么学生提出为什么还要去找职业哲学家的问题也并不是不合理。为什么他除了和社会学家、心理学家和史学家论辩外,还要和哲学家论辩?无疑那些专家所需要的只是哲学的严谨态度:他们必须辨明词义,避免歧义;他们必须避免将事实是这样的陈述变成事实就该这样或因为是这样所以这就是它该有的样子的主张。如果不回到哲学家煞费苦心否认的说法即他们对冷静的逻辑推理更在行,哲学家裁判又怎能就他逾越一事自圆其说呢?如果不打算说自己更擅长理性思维,他又怎能找到监管他人论辩的理由呢?当然不能。但同样地,就算他有意声称自己比别人更理性,我们也不能让他这么做。由此可见,我们不需要哲学家。

在就这个结论发表看法之前,我得给本节内容做个小结。对于专门研究教育术语的"教育哲学"可能有两项指控:一是这种事不值得做;二是这种事值得做,但不值得专设课程去做。后者蕴含着两个命题:弱命题是职业哲学家没有特殊能力能让他们做得更出色;强命题是他们不仅没有特殊资质还越俎代庖,因为分析词语如"创造力"的唯一目的在于它的语境意义,就是说要以术语的具体用法和具体使用者如心理学家为参照,我们需要的是心理学家(具体使用者)而不是别人的分析。

依我看,第一点不能让人信服。这只是个简单观察的问题,人们提出的各种教育建议中有的需要指证,尤其是那些利用术语的歧义来表达观点的。人们的确会在想明白什么是受过教育的人或中立之前不假思索地谈论"受过教育的人"或"教师需要保持中立"。如果我们希望进行真正的沟通和辩论,显然需要清晰度和准确度。

我觉得将第二点作为难题的话更有意思。对于哲学家所做的结论,有个明显有效的回答:从他知道如何寻求"正确答案"这方面来说,他并不擅长分析"民主"或"创造力",因为所谓的"正确答案"在这里没有多大意义。有关"什么是'民主'"的正确答案并不是唯一的。如果答案是唯一的话,就不会因为"民主"一词的用法因人而异而给人带来困惑,也就没有必要澄清什么了。不过哲学家可能更擅长,理论上说也必须更擅长分析词义,因为大量实践使他在解释复杂概念方面早已熟能生巧,除此之外,对于某些具体概念他也已经深思熟虑了很长时间,并能将其他哲学家对概念所做的诠释加以利用。因此,可以说哲学家在鼓励学生自己发现许多想当然的概念实则语义不明一事上有用武之地。任何一位哲学家都会说:仅仅告诉人们去思考意义是不够的,还要教他们怎样去做。

在我看来,这样答辩是成立的。我们很多人很快就能理解比如"理性"一词在各人眼里意思不同的事实,在论辩时就会说"这得看你所说的是什么意思"。我们找到了游戏的诀窍。可事实是许多人不太会用,他们不会真的对"理性"进行犀利的分析,想方设法挖掘它的意思,并试图明确一个人需要满足哪些条件才称得上是"理性"的以及哪些条件和"理性"是格格不入的。

不过,有些人认为在课时有限的情况下独立设置一门课来讨论各种教育概念含义的价值不大,对此,我表示赞同。他们指出既然词语意义是人类斟酌后赋予的,那么不断研究"理性""创造力""教学"这类词语能有多少种含义的价值是有限的,这话一针见血。他们强调把精力花在研究特定论辩中特定的人想用模糊词语表达什么意思比空对空地研究这些概念更重要,这么说肯定没错。因此,正确的

34

结论是：一旦明确了词语意义有可能是模糊的这一点，就需要教育理论课花大量的时间用哲学的方式去琢磨搞实证研究的人说了些什么，而花少量时间去思考意义。最后，他们用一个问题使哲学家陷入了困境，即他到底能用什么办法在什么时候分清自己的角色：是教师——当我们假设他有足以让他成为权威的一技之长的时候，还是参与者——当他不承认自己有特长，使得别人宁与他人而不屑与他讨论的时候。

教育哲学和道德哲学

我在前几页概述的论点自然是经过加工的。这么做是值得的，因为它把注意力放在教育哲学想做的一些事（澄清术语和监管论辩）以及着手做那些事的人必然会体会到的挫败感之上。

但这个论点没有提到哲学在教育领域的另外两个重要任务：从概念分析中得出实质性的结论，以及处理好在价值判断尤其是道德判断中产生的问题。

到目前为止，在谈到哲学式分析时我列举了一些概念，但这些概念的确切含义的影响不大，只不过是弄清楚我们在说什么。可对教育领域中某些核心概念的分析会影响到教育过程。一些属于认识论或心灵哲学范畴的概念，如理解、知识和智力等更是如此。例如，理解意味着什么，对于试图促进理解来说显然至关重要。知识的本质对于制定一个旨在传授孩子知识的教育计划来说具有绝对的控制作用。因此，近来教育哲学中许多重要研究都围绕着课程和它的认识论基础展开并不是偶然的。将教育手段和目的割裂开来，并将前者视为纯经验问题而将后者视为纯哲学问题是错误的。无论我们是否看重，如智力，我们对它含义的认识会影响到改善智力所采取的手段，反过来说用来改善智力的手段也会影响到被改善了的"智力"的本质。例如,如果赫斯特所谓有八种逻辑上独特的知识形式的观点是正确的,那么一个旨在促进知识增长的课程计划就该把所有这些形式教给孩子。又或者说,如果我们提倡整合课程,理由是知识本身是个统一体,那差别就大了。首先,所有的知识都是统一体这一观点是否正确,如果是,那知识又是什么意思;其次,如果有整合课程并且其中知识是一体的话,那课程必须根据知识的意思来整合。

在现阶段我不打算就教育哲学的这个方面再多说些什么,但必须强调的是,我们有这样的例子可以说明词语分析非但不是毫无成效的,而且还是制定一套有连贯性的教育计划的必要前提。

教育哲学的第二个重要贡献在价值领域。当我写到应付道德判断产生的问题时,我的意思不是指学会认清道德判断是什么并能将它和事实陈述区分开来,也不是指认清不同人对同一件事会有不同看法的事实。这些我们大多数人都能做到,遗憾的是我们大多数人也只愿意费心去做这些事情。人们倾向于不去深究"道德判断中到底有什么(如果有的话)是我们可以断言的"这件事情。有些关于什么是善的看法是否能被彻底摒弃? 什么都可以在某种意义上被证明是善的吗? 有些关于人怎么分辨是非的理论是否不堪一击? 有些理论显然比其他理论更正确吗? 谈论道德命题的真假有意义吗? 处理好这件事情意味着要回答清楚这些问题,还要从形式原则的层面(例如幸福比自由重要的原则)或从具体问题的层面(例如师范生必须设计自己在教育学院的课程)审视具体的道德主张。

强调道德哲学作为教育哲学一个方面的重要性不是要否定教育术语分析的价值,也不是要否定哲学的监管作用。除了一些人会对只分析术语和监管论辩的哲学课感到失望外,如果哲学要对教育理论做出更大的贡献,这些活动本身也是不够的。只知道某些词语存在歧义,知道某个说话者所用词语的确切意思,这是不够的;会甄别事实陈述和评价陈述,或洞察到说话者从"是"切换为"该",也是不

36

够的。如果澄清词义有意义，如果要让经验事实派上用场，我们必须有一些目标。除非能接着讨论价值这个问题，否则仅仅指出带有价值判断的命题是带有价值判断的没有多少帮助。

教育论辩不仅围绕"这是什么情况"和"可以做些什么"的问题展开，还牵涉到"该做什么"或"最好做什么"的问题。我们需要思考"我们想干什么"和"我们能干什么"。

用某种方法赞成、表扬、倡导某一行为涉及评价假设。例如，我们赞成他人扶老奶奶过马路这一做法的前提是我们看重这项行为。赞成意味着进行价值评估，因此，不表明我们所持的价值观而赞成某一做法，逻辑上是说不过去的。不过，我们也不只是在公开表扬某一行为时表明我们的价值观。自由决定这样做而不是那样做的时候也涉及评价假设。如果我决定这样做而不是那样做，那必然说明在某些方面，无论多么轻微，我更看重选中的那种而不是其他各种可能的做法。

当然，在实践中我们的许多行为都没有经过仔细选择，我们只是习惯性地那样做或迫于压力去做。但有一点是清楚的：当我们在某些情况下确实考虑做什么的时候，任何决定这样做而不是那样做的关键必定是评价假设。首先我们需要了解所处环境的本质，然后需要对各种行为可能产生的结果有一定的了解，最后我们还得了解那些不同结果的价值。假设我们在一件事上有一定的自由，决定用某种方式行事就是做出选择，选择和赞成一样涉及价值假设。

经过这样解释，观点似乎已经不言自明了。但奇怪的是，有关教育领域该做什么的许多论辩直接忽略了价值假设和价值判断中产生的各类问题。论辩就这样进行着，似乎认清现状并指出各种建议将带来的结果就够了，似乎不存在问题，也不需要探讨决策的重要因素——评价假设。因此，我们会发现某些文法学校（grammar schools）的拥护者只关心怎样证明文法学校保持着并很可能继续保持最高文化标准，也会发现某些综合体系的拥护者只关心怎样证明综合体系能促进平等教育。当然,如果要从这两种体系中选出一种,我们需要知道哪种说法是可信的(顺便提一下,我们得弄明白"最高文化标准"和"平等"究竟指什么才有可能知道),可就算知道也不能帮助我们做选择,除非我们找到权衡这两种评价假设的方法。在关键时刻,什么更重要——是文化还是平等?有办法确定吗?同样地,要支持或反对色情文学仅靠证实淫秽书籍对读者是否有影响是不够的。就算确定有影响,这类文学该不该在一定程度上遭到禁止将是另外一个问题。同样地,这另外一个问题会涉及各种评价假设。

这等于说由于决定怎样做涉及价值假设,价值问题须和事情真相一样被仔细研究,这样才能做出明智的决定。我们主要关注的价值问题是道德价值,因为它们既影响着我们对什么是合适、公正的判断,又支配着我们的行为。就算要研究道德价值,那也要用哲学而不是经验科学的方式。也就是说,在涉及价值比较类论辩时要用批判性思维的方式,我们得尽量深入地探究辩题以便能详细说明概念(如:幸福或自由)的确切意思是什么。对此,我们无法依靠实证测试或直接观察。观察能告诉我们人们到底看重什么,史学研究能告诉我们人们以前看重什么,社会学研究能告诉我们事实上不同的人看重不同的东西,但它们都不能告诉我们有些人在看重他们确实看重的东西时是否有错。罗马人觉得让基督徒作替罪羊没有错,但我们仍然可以说这是错的。简而言之,我们得思考一下说这种话意味着什么。

最后要说的一点是,道德哲学作为教育哲学一个方面的重要性。许多教育哲学家认为需要仔细分析的词语是规范性的(即涉及内容描述和评价假设,正如前面提到过的"创造力"那样)。原因显而易见。通常只用来描述的词语(学校、教室、校长)不会引起多少困惑:我们长大后都会以传统的方式使用这些词语并做出明确的价值判断,如"我喜欢学校",或"我不喜欢学校",或"学校各式各样,有些我喜欢,有些我不喜欢"。引起困惑的是那些含有赞成或反对之义的词语。例如,那些从小就认为有创造力是好事也知道其他人会这么想的人,自然不愿意断开好事和创造力之间的这种联系。因此,当他们发现自己并不看重他人谈论"创造力"时所强调的方面时,他们就想重新定义该术语。他们不说"我反对创造力",而说"那不是创造力"。结果便是在一段时间内,规范性词语对于不同的人来说有着各种各样、形形色色的语义。例如,"灌输"(indoctrination)一词原本与"教学"同义,都可解释为"注入一种想法",但有些人在开始反对那种直接把信仰强加给孩子的做法时选用了"灌输"一词,而在描述一个他们认可的过程时用了"教学"。结果对不明真相的人来说,说话者只要用了"灌输"一词就意味着摒弃某种他不赞成的教学方式。

显然,因为有关规范性词语意义的研究涉及评价假设,对这些词语进行完整、可靠的分析需要一个道德框架。对于一个简单的描述性词语如"桌子",意义分析全靠归纳该词的不同用法以及区分该词的核心用法和扩展用法(数学表格—mathematics tables;南非开普敦的桌山—the Table Mountain)。相反,对于规范性词语如"创造力"的分析,需要给出一个描述性和评价性俱佳的定义。如果打字员打出一页书,那不叫"创造力",因为该词语的内容描述中没有这类活动。同样,如果我们觉得一幅原画是一钱不值的涂鸦,那么也不会称它为创作。当人们质疑课堂上以创新的名义开展的活动是否真有创意时,在一定程度上他们质疑的是价值,他们质疑的是正在做的事情是否真有价值。[④]

同样,有人认为"灌输"就是使人相信却不让人好好理解他所相信的事物。那些反对这样分析"灌输"一词的人会说,这样做不一定在所有情况下都是坏事;因此,既然从定义上看"灌输"是个贬义词,那这项活动就不可能是灌输。

要分析这类规范性词语,我们必须先有个价值结构。如果要使分析做得有意义,价值结构本身必须接受审查。

给本节内容做个小结:无论怎样批评教育哲学,都不可否认在教育的价值领域尤其是道德价值领域有重要的哲学方面的工作要做。有人觉得参加关于"教学"这一概念的研讨会是浪费时间,对于这些人,我们可能或多或少有些同情。事实上,大量的教育理论需要更清晰的概念界定以及更严谨的逻辑评价。虽然对于在哲学课上讨论这些内容是否能达到最佳效果还存在争议,但需要道德哲学这一点毋庸置疑。

注　释

40

① Hirst, P. H., 'Educational Theory' in Tibble, J. W. (ed.), *The Study of Education* (Routledge & Kegan Paul, 1966), p. 31.

② Ibid., p. 57.

③ Stenhouse, L. A., reviewing the Open University course on the curriculum, *Journal of Curriculum Studies*, vol. 5, No. 2 (1973), p. 178.

④ 也许我这里提到的创造力这个概念有点差强人意.有关这一概念的详尽讨论见第十章.眼下我只是为了说明规范性词语可能引发的问题提一下这个概念.

延伸阅读

约翰・威尔逊(John Wilson)的《哲学》(*Philosophy*, Heinemann Educational Books,1968)简要介绍了哲学分析方法,适合那些对哲学一无所知的读者。约翰・霍斯珀斯(John Hospers)的《哲学分析导论》(*An Introduction to Philosophical Analysis*, Routledge & Kegan Paul, 1973)虽更深奥一些,不过特别值得推荐。

有关教育理论的本质,可以参考:Hirst, P. H., 'Educational Theory' in Tibble, J. W. (ed.) *The Study of Education*; Woods, R. G., 'Introduction' in Woods, R. G. (ed.) *Education and its Disciplines* (University of London Press, 1972)。也可以参考以下文献中就"教育理论本质"这一话题展开的讨论:O'Connor, D. J., and

Hirst，P. H.，*Proceedings of the Philosophy of Education Society of Great Britain*，vol. 6，no. 1(1972)。

卢卡斯(C. J. Lucas)主编的《什么是教育哲学?》(*What is Philosophy of Education?* Collier-Macmillan,1969)一书,很好地体现了哲学家们对这一问题是如何众说纷纭的。还可以参考以下文献：Peters, R. S.，'Philosophy of Education' in Tibble, J. W. (ed.)，*The Study of Education*；Woods, R. G.，'Philosophy of Education' in Woods, R. G. (ed.)，*Education and its Disciplines*。此外,以下文章力挺了哲学的监管作用：Thompson, Keith，'Philosophy of Education and Educational Practice',in P. E. S. G. B. *Proceedings*，vol. 4(1970)。

第二章

道德哲学

那些满足于将哲学简单定义成"关于意义的思考"的哲学家也会强调说哲学不难,不是只有大师或圣人才能研究的神秘学科。任何人都可以研究,从某种意义上说有时每个人都在这么做,因为都曾在意义辨析的问题上使用过批判能力。不过强调用哲学方式思考其实很容易的做法是危险的,这意味着只要一个人进行质疑而不是被动接受,他就是在用哲学方式思考。就算承认这么说在一定程度上有点道理,但进一步的问题是,做好这项工作是否很容易,以及我们想要通过"思考意义"来探索的那些领域是否都同样容易被参透。

当然像造房子这种技能一样,大多数人不需要学会哲学的手法。哲学手法无非就是:对提到过的意义进行批判性审查。这就是哲学家在各领域工作的方式,而我们大多数人多少都会一点这种手法。因此,让人静下心来用哲学方式思考并不难,但就此认为哲学探索的进展必定容易那就错了——是否容易取决于探索领域的复杂性和难度。

道德领域的探索并不容易,这一点对于那些喜欢简单答案或相信自己知道道德问题答案的人来说也许有些气恼。在这个领域,任何人都可以当哲学家。对于某事是好的这一说法,任何人都可以质疑它的意思,任何人都可以给出答案,任何人都可以拒绝被动接受某种传统看法。但是,以这种方式

33

进行哲学研究并不能使我们走得更远。希特勒做过这类事,如果他能算是哲学家的话,就是个糟糕的哲学家。在不同时期提出的各种解决道德问题的方法和对策中走出一条连贯的路来是不容易的。要弄清"自由"是什么并解释为什么及在何种意义上人该自由是不容易的。要确定约翰·斯图亚特·穆勒那样的哲学家到底有没有在他的《功利主义》(*Utilitarianism*)里证明了他想证明的问题是不容易的,甚至要确定他到底想证明什么问题也是不容易的。

我在一开始就强调任务的难度可能很不明智。那些坚持说哲学容易的人至少可以希望他们的读者能坚持下去。但读者不需要被我的话吓住,因为有一点没变,那就是我们的研究目的和研究方式一点也不神秘,而且几乎每个人都能做到。我所强调的是道德领域不可能有容易的答案和明显的对策,当那么多人看上去认为自己知道答案的时候这点特别需要强调。想到不同的人知道的是完全不同的答案,这种情况不太对劲的事实应该是显而易见的。

道德领域之所以复杂,是因为不同的人包括职业哲学家给出的说法完全不同。不但在哪种行为符合道德标准和哪种行为是善行的问题上存在着分歧,而且在说某事是"好的"是什么意思和什么使得那些人们认为道德的行为是符合道德标准的问题上也存在着同样大的分歧。如果我把桌子说成是方的,对此没有多少质疑的余地,我只是在描述桌子的某个特点,具体说是方形。我告诉你它的形状,你不可能对词语"方的"表示什么形状一无所知。但我要说某种行为是善行呢?我是在描述该行为的某个特点吗?如果是的话,是什么?"好的"表示什么?对于这个问题,不同时期给出了不同答案,说服力有大有小。例如,有的说如果上帝认可,某事就是"好的"并且只能是好的;也有的说把某事说成是"好的"只是一种表示他喜欢的方式,这两种说法就截然不同。

考虑到涉及道德价值的多种不同立场(很少有荒谬到可以不予考虑的),有种可能是给道德领域提供一个完整且完善的解释将非常困难。然而,要了解这些不同立场,看看它们有多大的合理性,继而认清这个领域有待解决的问题本质却并不困难。

了解这些问题,了解道德哲学家在哪里、怎样、为什么感到迷惑不解以及为什么他们没有在"我们该做什么"和"'好的'是什么意思"之类问题的答案上达成一致意见,就已经向前迈出了一大步。实际上,有关道德价值的问题之所以有趣和重要,是因为不同的人有着不同的价值观,并且这些价值观互相抵触。正是这个事实使我们有了让所有人参与道德哲学研究的现实紧迫性。

43

一个人接受某种道德价值观主要意味着他坚信其他人应接受相同的价值观。如果我具有一定的审美价值观,如喜欢瓦格纳的音乐,这并不一定意味着我会憎恨他人和我的品味不同。但如果我接受了某种道德价值观,如没有人能要了别人性命,那么当他人用行动表明他不这么想的时候对我来说就事关重大。

只要人们拥有不同的并且相抵触的价值观,就有必要进行研究,看看是否有些价值比其他的更符合道德标准。只要采纳某种道德观意味着希望它必须被广泛采纳,只要一些人的道德观事实上会令人反感,研究道德哲学就变得非常重要,哪怕得不到一个完整的、不可辩驳的正确答案。就算最后我们不得不下结论说没有办法区分不同价值主张的正确性,没有办法毫无疑义地确认哪些事该做哪些事不该做(像有些哲学家主张的那样),那至少在人们理解这个尴尬的结论而不再自认为他人错了这一点上是有益的。

现在流行的一个观点是对于道德价值没有真正的问题,就某个具体社会而言,其所看重的那些东西就只是个选择的问题。据说这类问题是人为产生的,这些人试图证明存在永恒的道德真理,并因此证明无论何时何地无论某些人会怎么想,某些事就该被认为是好事而其他的则不是。例如,那些认为活人祭过去是、将来也必定是错的人不过是在混淆视听。他们有资格说的只能是他们永远不会认可这种做法。我们的社会碰巧采纳了这种价值观,但从前或许还没有,由此去追究从前该不该这么做没有任何意义。这样看来,许多因素可以用来解释某个社会为什么会看重某种行为准则,不过这些是经济或社会因素。它们能用于解释但不能用于辩解。辩解的想法并不合适。活人祭作为一种习俗,从某种意义上说不能总被指责为是错的,和一夫一妻或留长发之类的习俗没什么不同。三者的相似点在于都是文化习俗,唯一的不同之处在于它们引起的公众情绪的强弱程度不同。我们不把留长发看作道德问题是因为我们对此的反应不够强烈。相反,我们认为活人祭不道德是因为我们强烈反对这种做法。通过对当前社会形势的准确分析,你也许会感觉到这一事实,即目前人们对一夫一妻制和相关性行为的态度正在发生变化。概括来说,五十多年前人们看重婚姻,笃信基督教的一夫一妻制和婚前贞操,因此他们将两性关系视为道德问题。现在,许多人质疑这些理念,他们看得没那么重,因此就不再将其视为道德问题了。

这种相对主义观点——这样称呼是因为它强调道德价值要相对具体社会而言——并不新鲜。它在我们所熟悉的哲学诞生时就有了。许多 5 世纪的雅典诡辩家(sophists)似乎是相对主义者,柏拉图反对的正是这种观点。他认为虽然不同的社会会采纳不同的价值观,但这本身不能说明这么做是正确的,也不能说明某些社会采纳的价值观对别的社会来说就不合适。[①]依柏拉图看来,无论某些社会选择什么样的价值观,有些东西就该永远被看重而其他的则不然。因此,他是第一个有记载的绝对论者。也就是说,他相信一些绝对的道德价值,不管承认与否,这些价值从过去到将来无论何时何地总是约束着人们。柏拉图用半神秘的语言(从长远来看这对他的论点来说可能弊大于利)宣称像"善"这类永恒的理念以某种方式存在于物质世界之外的某个地方。某种行为如果带着点"善"的理念(the Form of Goodness),那么就只能是好事。因为理念不会改变,所以地球上行为的"善"也不会变化。鉴于许多人觉得听不懂柏拉图的话,他的理念论没有多大帮助,但显然这是在用隐喻表明绝对主义立场的一次尝试。

从那时起道德相对主义者和绝对主义者间的交战就从未停歇,近期双方的冠军分别为卡尔·马克思和约翰·斯图亚特·穆勒。马克思是个相对主义者,他所持的观点是:道德价值是文化习俗,它们反映了特定社会的经济结构——那些当权者成功推行的是非标准有助于维持现状,因而能维护他们的权势。例如,封建社会试图维护的信仰是农奴效忠农场主是符合道义的。(马克思的观点和柏拉图《共和国》中的人物斯拉雪麦格的观点基本相同。)

45

另一方面,穆勒是个实用主义者,也就是说他认为最高的道德考量过去是也必须是促进幸福。一个社会的规则与行为能够并且只要能够有助于增加快乐减少痛苦就是好的。如果能证明某种习俗事实上带来的是痛苦,那它就是错的,并且无论人们认为它是对是错它就是错的。显然穆勒并不像一些绝对主义者那样致力于说明某些行为和习俗永远是对的或错的。因为人和条件会变,所以某种过去曾经增加快乐的做法,也许现在开始带来痛苦了。但在某种意义上说他仍然是个绝对主义者,他判断对错的标准应该绝对适用于所有时代所有人。

相对主义者和绝对主义者之间论战的悠久历史值得我们关注,因为现在有些持相对主义观点的人说得好像他们的观点才是显然正确的,好像前人没能领会这一点是因为缺乏我们现在所拥有的关于这个世界的知识。他们有时说得好像直到最近所有人还是某种相信荒谬的绝对道德的原始绵羊("绵羊"一词源自《圣经》中的比喻),但现在人变得博学、成了世界的主人,他注意到过去自己只是迷信的受害者。然而,事情没有那么简单。

某种相对主义观点看上去的确理由充足。部分原因在于相对主义者让我们注意到了一个不争的事实:不同社会的道德价值不同,同一个社会不同历史时期的道德价值也不同。但这本身并不能证明他们的观点。别忘了除了道德价值之外,不同社会对其他事物也有不同的看法,而事实已经证明其中有些是错的。许多人曾经认为地球是方的,但地球不是方的,许多人认为它是方的这一事实也不能把它变成方的。同样,一些社会认为人吃人是道德的这一事实也不能证明这观点是对的。

真正使相对主义可信,也使不同文化具有不同道德价值的事实显得重要的是下面这个难题:我们怎样才能知道该采纳哪一种道德观?相对主义者用夸张的手法把历史描绘成一个从盲目迷信到无所不知的稳定发展过程,这至少反映了一点真相:很难看出那些宣称知道何为善的人是怎样成功证明这一点的。

想象一下在某个原始社会,所有成员坚信某些事是好的,某些行为是对的。他们有一套严格的行为准则,没有人对此怀疑,比方说还债是好的,放火烧邻居房子是不好的。在这样的社会里,对于什么是善以及那就是善是毫无疑问的。没有人会对最初是如何发现还债是好的这一点感到迷惑不解。像"为什么是好的"这类问题不会出现。地球是方的,还债是好的。两个事实,两个真理。对这个社会所有成员而言就是这么一回事,他们知道这两个命题是真的。

"知道"(know)一词有几种不同用法:我们能知道情况就是这样,我们能知道事情发生的原因,我们能知道如何做事情或者只是知道某个人。显然我们关心的是"知道"的意义。通常,当我们说知道情况就是这样,我们说的不但是事实上情况是这样,而且是我们能拿出或至少指出证据证明情况是这样。换句话说,我们说这事显然是真的意味着任何人都必须承认这一说法或证据是可信的。

因此,从理论上看如果我说知道我妻子在家,你会指望我能拿出证据,比如我刚给她打过电话并和她说过话。如果我只是因为她这时候通常在家而假设她在家,那么更确切的说法就是我有充分的理由相信她在家。当我们说知道珍珠溶于酸时,我们可以通过实验来验证我们的说法。当然,实际上我们会随便用"知道"一词,不过如果我们的确知道情况就是这样,那么我们必须掌握证据证明它是这样,不然我们有的只是观点或信仰。因此,在什么是证据的问题上"知道"有它预设的普遍接受的规则。许多人会接受眼见为实这一规则,所以就会相信珍珠溶于酸。通常情况下人们也会把我刚才和妻子通过电话作为她在家的有效证据。

我们能证明这个原始社会成员相信地球是方的是错的。有各种证据,最容易识别的是航拍照片,都可以用来支持我们知道地球是圆的这一说法,而没有可信的证据支持它是方的这一说法。但当我们来看这个社会的道德主张时,情况就完全不同了。不仅他们拿不出证据证明这种情况,即他们知道放火烧邻居房子是错的,我们也拿不出证据证明他们这种情况是错的,因为我们完全不清楚什么才算得上是证据。

任何领域要说"知道",就要有普遍认可的能作为证据的东西,不然毫无意义。在道德领域说"知道"的标准是什么? 我们该拿出什么样的证据证明何为善? 问卷调查会告诉我们人们认为什么是善,但不是那就是善。演示也许可以告诉我们某种行为总是带来人们喜欢的某些结果,但这并不能说明该行为或结果是好的。得出这一结论的前提是我们得证明人们喜欢的是好的。如何才能做到呢?

问题在于,拿出所有人认可的证据证明还债是好的是否和拿出证据证明蛋糕味道好一样荒谬。蛋糕既不好吃也不难吃。这种陈述是荒谬的。我们只能说有些人认为某种蛋糕好吃。蛋糕是否好吃是品味问题,与知不知道无关。那么道德价值也是如此吗? 相对主义者是对的吗? "自由是好的"也许和"猪有四条腿"一样看着像个简单的事实命题,但两者越看越不像。"猪有四条腿"这一说法没什么问题,我们知道这里面所有单词的意思,也知道怎么证明该陈述的真假。我们把所有能找到的猪排成一行,然后看一看它们是否都有四条腿。只有盲人会一本正经地质疑这个证据。但我们怎么证明"自由是好的"这一命题的真假呢? 自由是什么? 而更重要的是"好的"是什么? 我们在找什么? 我们当然不能通过简单的观察来证明自由是好的,因为我们充其量只能证明自由能带来人们认可的结果。但我们通常的假设是"好的"比"我认可的"意思更丰富。难道这只是因为,像有些人说的那样,我们从小习惯性地认为它的意思更丰富,而没有任何更好的理由吗?

47

一旦社会或社会中的成员到了质疑他们道德信仰的地步,采取某种形式的相对主义的诱惑就很大。一旦我们认识到在道德领域谈论"知道"的难度,又有什么比道德价值不过是"特定社会用某些规则追求它想要的结果"的说法更有说服力?因此,谈论某些社会的价值观从绝对意义上是坏的或不道德的其实毫无意义。

不过从历史上看,认识到道德价值还没有定论以及不能想当然地以为它们都是对的,并没有导致相对主义广泛传播。一旦认识到这问题还没有定论,人们就提出了各种解决办法。差不多所有办法都试图为"善"做出精确的定义,因为哲学家发现如果我们知道"善"的意思,如果我们有这个术语的定义,就像有"单身汉"的定义那样,那么区分善恶就与区分单身汉和已婚男人那样容易。结果,"善"的定义不断涌现:"善"意味着"创造幸福";"善"意味着"顺其自然";"善"意味着"取悦上帝";"善"意味着"促进安全"。

但这些定义都没有取得多大进展。首先,定义本身经常和术语"善"一样含糊、晦涩。比如什么是顺其自然?顺其自然的行为也许意味着自发行为,也许意味着野蛮丛林生活中发生过的那些行为,也许意味着人们认为正常的行为(例如,就像有人说异性恋正常而同性恋不正常那样)。还有,我们怎么知道什么能取悦上帝(首先得假定上帝存在)?就算"善"意味着"创造幸福"这个初看起来不怎么复杂的定义也会产生问题,即"幸福"到底指什么?

其次,更重要的是,接受任何一个这样的定义会给我们带来什么?原始社会成员的假设是:如果某事是道德意义上的善,顾名思义我们就该去做。这仍然是我们许多人的假设。就算我们是相对主义者,我们也会认同以下观点:只要某人或某个社会真的认为某事是道德意义上的善,那他们就必然觉得该做某事。但在上述这些善的定义中,质疑为什么我们该行善似乎很有道理——为什么我们该顺其自然地行事,为什么我们该创造幸福或促进安全,甚至为什么我们该取悦上帝(假如他存在的话)?我们希望说服人们相信这其中的确有一个是"善"的定义,唯一方法是证明人们必然会赞成这当中有件事是他们该做的。但这恰恰表明有些事该做这点是不确定的。

　　在 20 世纪初，由于在寻求道德知识的过程中得不到任何进展，失意和焦躁开始显现。乔治·爱德华·摩尔在他的著作《伦理学原则》（*Principia Ethica*）中简单地宣称："如果问我'什么是善？'我的回答是善就是善，事情到此为止。或者如果问我'要怎么定义善？'我的回答是无法定义，我能说的就是这些。"②但摩尔不是相对主义者。他信奉某些事就是好的，无论某个特定社会是否认可，但也信奉我们知道什么是善的唯一方法是凭直觉。追随他的许多哲学家用了不同的方式修改他的观点，被我们称为直觉主义者的实际上是这些人而不是摩尔本人。

　　直觉主义真是道德哲学史上迟到的一种不寻常的伦理理论。这理论的意义在于它本该维护两种想法——一种是不以社会品味的转移而转移的客观道德真理是存在的，另一种是道德是可知的。不过，科学知识通过实证研究获取和验证，而道德知识，以这种观点来看，通过直觉获取和验证。正如许多人指出的那样，声称凭直觉知道某事和只是相信某事之间难以区分。因此，原始社会成员声称"知道""还债是好的"而拿不出公众能接受的证据，这与 20 世纪直觉主义者凭直觉声称"知道"同样的事之间也难以区分。尽管这个理论对那些想抵制相对主义、捍卫绝对主义的人有一定的吸引力，但它实际上是个毫无意义的理论。

　　这并不是说它对现状的描述不实，重要的是在这个阶段要意识到我们未必能说直觉主义不对。情况也许是无论何时，无论大多数人怎么想，确实有某些事该做而某些事不该做；情况也许是最后说"这是好的，每个人都该这么做"会变得有意义，哪怕大多数人反对这么做；情况也许是我们能知道该做什么的唯一方法实际上是凭直觉。但事实上这个理论没什么用，因为不同的人对于什么是善有不同的直觉。我们又如何取舍这些不同的直觉呢？假设是靠直觉，但谁的直觉？最后，直觉主义者和相对主义者难以区分，因为在面对不同社会采纳不同道德价值

49

的时候,相对主义者会说就对错而言没什么可选择的——它是个品味问题;直觉主义者会说有些社会采纳了正确的价值观是个知识问题,但他说的这个"知识"结果是他的直觉——这对我们大多数人来说似乎和品味无异。

好像是对付绝对主义者的不太牢固的最后一道防线,艾耶尔推出了一种特别极端的相对主义形式,它就是情感主义。随后情感主义伦理思想被艾耶尔本人及他人做过各种修改。但本质上这一理论不过是前面提到过的一种可能的观点,即说某事是好的实际上是在说"我喜欢某事"。在情感主义者看来,道德就这么简单。之所以没有人发现道德真理,之所以我们难以在什么才算得上是道德知识的证据上达成一致,是因为世上根本就没有道德真理,也没有道德知识。除了外表相似之外,"自由是好事"与"猪有四条腿"截然不同。后者是可以验证的事实陈述,而前者虽然看上去像但根本不是事实陈述。"自由是好事"只是我——说话者——说自己喜欢自由的一种方式而已。

情感主义是压垮骆驼的最后一根稻草。大约在这一理论产生的时期,许多道德哲学家得出结论说道德价值不能凭空产生也不能令人信服。讽刺地说,他们失去了勇气。要是用他们想用的方式来说,那就是道德哲学家的工作不是构建一整套期望行为体系或规范人的行为,而是像情感主义者声称正在做的那样分析我们生活中道德语言的实际用法。他们的工作与其说是发现什么是善,不如说是展示人们是怎么使用"善"这个词的。

以上对道德哲学家角色的重新定义——与其说是个全新的想法,倒不如说是个转移重点的决策——不是因为所有哲学家都接受情感主义观点。事实上,没几个哲学家接受情感主义的最初形式——将道德判断仅仅说成是个人品味,但他们认识到个人品味也是种对什么是道德的可能的解释。不过就像他们看到的和我说过的一样,直觉主义也是如此。如果是这样,曾经出现过的许多其他伦理理论也应是如此:也许幸福是唯一的终极善;也许十戒的确象征着重要的永久禁令。

哲学家不一定非得坚持这样的观点,认为这些理论要么都是错的要么都是对的。他们也不一定非得剥夺自己接受某些道德价值并试图推广这些道德价值的权利。总的来说,他们实际上得出的结论是:如果有人能构建一种让所有人都认为正确的伦理理论,那是不可思议的。我们不可能知道道德的终极原则。(如果我们明白只能根据人们信奉的道德终极原则说"知道"某一规则是好的,有关信仰就不会因此变得不合逻辑,有关特定道德规则的知识也就不会被清除掉。例如,如果我们认同幸福的价值,我们就可以说知道某个行为是不好的,因为它会带来痛苦。)事实上哲学家正在从他们认为无解的问题中抽身。

遗憾的是,认为情感主义是正确观点的看法很大程度上进入了公众的视野,相对主义占了上风。一些人坚持特定的道德价值观,继续声称他们知道这事、那事还有其他事都是必须做的。据我们所知,从哲学的角度看这个立场十分可疑:他们是怎么知道的? 声称知道必须具备的能为大家接受的证据在哪里? 从现实的角度看这个立场有点危险:人们笃信自己知道该做什么,并认为不赞成这么做的人是错的,可以忽略不计,狂热由此产生。不过其他许多人采纳并仍然采纳的观点是:我们现在知道情感主义或其他相对主义形式代表着道德的真理。以这种观点来看,我们知道道德价值是传统的、任意的。显然,这个观点从哲学的角度看同样可疑。顺便说一下,从现实的角度看它也一样危险:坚信只有一个正确答案可能会产生狂热,坚信没有正确答案则可能产生无动于衷、格格不入等不良感受。

对于道德是什么,情感主义不一定是正确答案。它的合理性在于,它和其他相对主义观点一样关注道德语言两个难以否认的方面。当人们说某事是"好的"时他们当然表示自己赞成;当他们被问到怎么知道那是好的时,要给个人人都觉得可信的答案似乎很困难或者说根本不可能。我们当然不可能以知道砖掉下来会落地的方式"知道""自由是好的"。我们不知道道德领域的知识需要什么样的证据,这点我们必须承认。同样,情感主义在什么是善的问题上能轻易解释为什么不同人有不同看法,这一点我们也必须承认。

但就算将它的合理性考虑在内,情感主义也不是没有问题。当我说自由是好的,我真的只是表示赞成吗? 就像另一个情感主义者所说的伦理判断的"主要用途"真的只是"大造声势"吗? 所谓人不该行窃真的只是表明我对这种行为的厌恶以及试图大造声势来深化人们对此的厌恶之情吗? 理查德·麦尔文·黑尔在推出规定主义(prescriptivism)这一伦理理论时提到过道德判断的另外两个特点。第一,他说"你该这样那样做"之类的判断不只是为了大造声势,而是有更明确的作用,就是指导人的行为。它们是相当于命令"这样做"的伪祈使句,但又不同于其他祈使句。我们期待一个说"你该这样做"的人会一直这么说,而不会期待一个说"这样做"的人会如此。第二,在黑尔看来,道德判断可以普遍化。也就是说,如果我在这些情况下说你该这样做,我就会坚持认为自己或他人在同样的情况下也该这样做。如果不仔细研究这些想法的话,是否就不可能发现情感主义的不足? 尽管规定主义没有公开批评相对主义理论,尽管它或许有着自己的问题,但是它说明前面提到的情感主义是不足以让人信服的光秃秃的伦理理论。

那么将黑尔或其他人想对情感主义做的修改考虑在内,我们是否真的同意这一说法,即认为犹太人不该受到在纳粹德国的那种遭遇本质上只是表明我们不喜欢他们被虐待的事实? 我们说它错了,或者就算我们打定主意不去在意而只说它可能错了,这样难道毫无意义吗? 我们可以承认本章提及的所有难点——讲清楚说"它错了"究竟是什么意思的困难以及看清楚该怎样着手证明"它错了"的困难。但我在这里想问的是,我们是否准备接受"灭绝犹太人是错的"的意思只是"我们不喜欢灭绝犹太人"的说法?

回到我们开始的问题——相对主义者和绝对主义者之间的冲突——关键是正如绝对主义者因为无法证明知道某事是好的这一说法的合理性而可疑,我们也同样无法知道相对主义观点是要接受的正确观点。说相对主义观点是要接受的正确观点意味着我们知道道德价值无非是一个观察得到的事实——不同的社会选择不同的价值观。但我们又怎么知道这就是"知道"这个词在通常意义上的全部真相？有什么证据能证明"用毒气残害犹太人是错的"这一陈述没有任何客观有效性也无所谓对错？有什么论点能表明比如直觉主义者是错误的？答案是没有。事实是因为我们在"什么才算是道德知识的判断标准"问题上没有达成一致（也许是没有理解），我们对道德一无所知。这就意味着我们不知道相对主义是否比绝对主义更正确些。

简要叙述各种伦理观点的结果是我们得到了某种近似于谋杀案破案线索的东西。在现阶段，有关道德问题的许多解释都貌似有理。也许最终这问题解决不了，或者至少不是人人都满意。然而，我们不能直接无视这个问题。有些解释经仔细研究可发现它们可能忽略了问题的某些重要特点，有些解释看起来比其他的更有说服力，不过意料之中的是最后只有一种解释能被接受。

当苏格拉底得知德尔菲神谕宣布他是雅典最智慧的人时，刚开始他感到困惑不解。③但当他访遍雅典城中的各类专家——政客、剧作家、木匠等——听他们对各类话题发表高论时，他意识到也许自己是所有人中最智慧的那个，因为他知道自己一无所知。严肃点说，就是他知道自己知识的局限性。人的智慧出于他的无知这一理念不只是个巧妙的悖论。能够区分什么是自己真正知道的和什么是从权威那里得来的，知道谈论某些领域的知识不合时宜，就是在增长有用的知识。明白不能口口声声说自己知道各种道德真相，就是在学东西，在学重要东西。

不过，许多人可能会因道德哲学已经取得的这些进展而提出是否值得再继续下去的问题。绝对主义者也好相对主义者也好，他们只要同意按照通常的使用标准，即用相信而不是知道来陈述他们的立场就行。前者相信某些事是好的，所以任何社会任何时候都该这么做；后者相信这种说法是毫无意义的。就这么简单。

53

如果这是个信仰问题，如果知识在这个领域没有一席之地，那么再追究下去意义也不大。至少他们会这么认为。

但有两方面的原因使得进一步研究这个问题变得相当重要。一方面，无论喜不喜欢，我们都经常面对着需要做出道德判断的问题——正如第一章中提到过的，这对于教育工作者来说尤为如此。我们得决定这个或那个是否该发生，该被鼓励，或者该被制止。至少我们得决定教师是该帮学生做这些决定，还是该给学生自由让他们做自己选择要做的事情。有了这种责任意识和对道德领域没有简单答案的认识，重新并且更深刻地审视自己的道德假设自然就变得更加重要了。放弃有人"知道"什么是善的想法的一个结果是有关什么是善的所有信仰我们都要一视同仁。比如，绝对主义者必须问自己，他的信仰除了受到那些抚养他长大的人的影响之外还受到过什么影响；相对主义者必须问自己，尽管他对道德作出了解释，但是事实上是否没有理由认为有些东西比其他的更道德些。对各种道德信仰进行深入研究的另一种选择是满足于某种形式的教条主义或虚无主义——结论是因为最终无法证明哪种有关什么是善的信仰是错的，所以我们不能谴责任何信仰而必须服从什么都行的原则，"什么"可能会包括教条主义狂热和极端放任主义。这我们也准备接受吗？

另一方面，正如前一段所说，无法知道某事是好是坏的事实不一定能消除合理信仰与不合理信仰间的区别。例如，我们可以想到历史上有许多领域，在其中由于缺乏证据而使"知道"是怎么回事的主张变得似是而非，但我们却能拿出理由表明某些想法荒唐透顶而另一些想法可以接受。历史领域和道德领域之间仍是有区别的，在历史领域对于"什么能算作支持某种观点的证据"是毫无疑问的，而在道德领域连"什么能算作证据"都存在分歧。但即使在道德领域，我们认为能支持某种价值观的好的理由与不好的理由之间可能还是有区别的。

正如亚里士多德在《尼各马可伦理学》中指出的那样，指望在人类探究的各个

54

领域得到同样程度的确定性是愚人的标志。④当然,基于科学模型构想道德知识以及证明道德命题的想法受到了严重冲击。不过我们为什么要指望用与证明科学命题相同的方法和相同程度的确定性来证明道德命题呢?毕竟道德命题不是科学命题。我们会做出各种陈述,这些陈述要么无法被彻底证实,要么不确定被怎样证实,但它们或多或少有些道理抑或是真的。比如,要证明贝多芬是个比我好的作曲家也许很难,因为制定一个人人都能接受的什么是好音乐的标准很难,但他很可能是比我好的作曲家,我们之中没有几个人会认为他不是,这样的想法是有道理的。要证明我妻子爱我也许很难,但我有理由这么认为。如果"证明"意味着要演示给那些对演示感兴趣的人看并直到他们满意为止,那我无法证明雅典 5 世纪的民主政治是个屠宰场。对于这件事,问题在于证据不足以及对于如何解释现有证据存在分歧。但我在这件事(其他事情也一样)中能做的是详细说明并澄清我想说的是什么并提出我的理由。这么做的结果是,连同其他对这个问题同样感兴趣的人,我们希望能达到适合这件事的确定程度。

我们能用同样的方法思考各种道德价值观,澄清它们的确切概念,研究那些为了支持或反对这些观点而提出的理由。也许最终仍然会存在一定程度的分歧,但至少分歧的本质会更明朗。当该说的说了,该做的也做了的时候,经过深思熟虑后同意保留不同意见与出于无知而拒不同意两者之间有着天壤之别。

注 释

① 有关柏拉图和论辩家的话题参见书籍:Plato, *Gorgias and Republic*(Book One);进行学术研究的话可以参考书籍:Guthrie, W. K. C., *The Sophists*(C. U. P., 1971);只是粗略了解的话可以参考书籍:Barrow, R., *Athenian Democragy*

（Macmilan1973）。

　② Moore，G. E. ，*Principia Ethica*（C. U. P. ，1962），p. 6.

　③ 该故事可见于 Plato，*The Apology*.

　④ Aristotle，*Nicomachean Ethics*，1. 3.

延伸阅读

对于我在这一章没能描述完整的道德哲学发展史，读者可以参考书籍：MacIntyre，A. C. ，*A Short History of Ethics*（Collier Macmillan，1966）。对于 20 世纪道德哲学发展的描述和评价，读者可以参考书籍：Warnock，G. ，*Contemporary Moral Philosophy*（Macmillan，1967），或者 Warnock，M. ，*Ethics since 1900*（O. U. P. ，1960）。约翰·霍斯珀斯在《人类行为》一书（*Human Conduct*，Hart-Davis，1970）中对伦理学问题所作的介绍，虽稍显冗长，但字字珠玑。

下列由道德哲学家撰写或是有关道德理论的书籍的篇幅都不算长，而且还有平装本：Kamenka，E. ，*Marxism and Ethics*（Macmillan，1969）；Hudson，W. ，*Ethical Intuitionism*（Macmillan，1967）；Moore，G. E. ，*Ethics*（O. U P，1966）；Ayer，A. J. ，*Language，Truth and Logic*（Penguin，1971）；Hare，R. M. ，*The Language of Morals*（O. U. C. ，1964）。

不能从描述性前提直接推出评价性结论的提议源于戴维·休谟（David Hume）的《人性论》（*A Treatise of Human Nature*）一书。随后大量文献就这个问题更为复杂的各个方面展开了讨论，读者可以参见书籍：Hudson，W. D. （ed.），*The Is/ Ought Question*（Macmillan，1969）。

第

二

部

分

第三章

合理论证与不合理论证

　　基于本书第一部分说过的内容,显然我在第二部分不会以道德专家自居,然后像医学专家回答"哪些因素导致心力衰竭"那样去回答"什么行为是道德的"这个问题。我也不会去"证明"我们应具备某种道德观,如果我们假设"证明"是"用百分百正确的方式论证"的意思。我的目的,确切地说,是就某种观点提出论点,然后恳请读者把论点当作论点进行思考。自然,我的观点是该论点可信,因此使我们接受了某种道德观。与此同时我知道,重要的是读者也应该知道,这个本质上并非原创的论点以及历史上各类人持有的道德观还从未得到过普遍承认。有些人显然认为该论点不可信。本书对读者的根本要求是他必须自己检验这个论点,根据这个论点来取舍,而不是根据他是否碰巧喜欢这个论点,或者这个论点是否会得出他从小就接受的结论,或者这个论点是否与大多数人的想法一致。

　　接着我将讨论两个一直引起广泛关注的概念:"自由"和"平等"。我想说的是,无论我们怎么漫不经心地思考这些概念——我们认为它们是什么意思,在道德上是否重要,有多重要——如果我们仔细地思考"人该自由"或"人该得到平等的对待"之类想法的意思,有些结论是无法避免的。确切地说,我认为"自由"和"平等"在某种意义上是值得重视的,但它们的价值由幸福的价值所决定。换句话说,我在为功利主义伦理观的一种修正形式辩护。这种伦理观,由杰里米·边沁和约翰·斯图亚特·穆勒首创,认为衡量行为是否善、规则是否对的尺度是它们促进幸福的程度,衡量错或恶的尺度是它们造成痛苦的程度。(关于功利主义伦理观详见第六章。)

60 　　因为我要论证的是采纳这种道德观有理或者功利主义比其他伦理理论更合理,所以在本章其余部分我将对人们判断某种观点、解释或论证是否合理需要考虑的因素做些一般性的评论。我将首先思考一个美学领域的例子。

　　假设一位教师,喜欢乔治·艾略特的小说胜过伊恩·弗莱明的小说,把它们当作更好、更优秀的艺术作品,想证明这种价值判断的合理性。(想证明它的合理性当然不仅是纸上谈兵。如果这位教师没有可以用来证明他的选择是合理的标准,那他就根本没有选择的标准,而教师一般需要做些选择。)为什么和伊恩·弗莱明相比,乔治·艾略特是位更好的作家呢?

　　美学价值判断领域和道德价值判断领域一样复杂,许多美学观认为几乎不可能制定不变的规则或标准来评判一件艺术作品的美学价值。就像评判行为善恶或对错的标准一样,评判艺术作品价值的标准也存在着分歧和不确定性。当然我们可以准确地描述不同作品的特点。例如,我们可以说乔治·艾略特的作品带有讽刺意味,她擅长人物塑造,或在话语设计方面匠心独运。描述某位作家的写作特点也许不是件易事——例如,人们可能会就什么是小说中好的人物塑造、怎样评判某部小说中的人物刻画、实际上乔治·艾略特在人物塑造上是否比伊恩·弗莱明更胜一筹争论很长时间。但原则上来说,这件事并非不可能完成,事实上这似乎正是文学批评所做的工作。然而,说乔治·艾略特的作品具有伊恩·弗莱明没有的特点或者她在某些方面做得比弗莱明好是一回事,但说她是位更好的作家或者她的作品更值得一读却是另一回事。

　　如果我们有具体的目的——比如我们想让孩子们学习小说中的人物塑造方

法——那么我们可以说艾略特更适合这个目的。这样就产生了目的或目标价值的问题，我们只能说在一般情况下，艾略特比弗莱明更值得一读——如果我们能证明研究人物塑造方法是件比较值得做的事。除非我们能证明艾略特作品中公认的特点是优秀作品必须有的特点，不然我们就不能得出结论说艾略特是位比弗莱明更优秀的作家。

61

　　换句话说，虽然原则上我们可以在某位作家写作特色的问题上达成一致意见，但总有人会说他不明白为什么这些写作特色是判断一位小说家是否优秀的相关理由。他也许会说——表面上看不出这么说很荒唐，"艾略特在人物塑造上比弗莱明强，但弗莱明更刺激，所以弗莱明更优秀"。这里的问题在于：我们不清楚什么才算是判断小说家是否优秀的好的理由，不清楚是否该把"刺激"作为无关理由而不予考虑，不清楚是否只要给出某种理由就可以说某种观点不够合理。这是否就意味着，如果我想说依我看认为乔治·艾略特是更优秀小说家的说法比认为伊恩·弗莱明是更优秀小说家的说法更合理，那我实际上犯了窃取论点的逻辑错误，即假定我所给的倾向于艾略特的理由是好的理由，而其他人给的倾向于弗莱明的理由是不好的理由。是的，这就意味着我在窃取论点。那么我们该说什么呢？对任何作家的任何评判是否都合理呢？不一定。

　　可以确定的是，由于我们一致认为我们无法"证明"好的小说家必须具备某些特点，我们就无法"证明"某位小说家比另一位更优秀。这就意味着在某些领域如科学，我们可以说某些理论不合理是因为它们和事实不符而且可以被证明是错的，但我们不可以说因为使用的价值标准是错的，所以关于某些小说家的价值判断是不合理的。然而，虽说我们得承认我们无法制定标准证明什么才算得上是评判小说优秀的好理由，但这也并不意味着任何观点都一样合理。就算我们承认我们无法证明这种说法是错的，但至少有四种方法可以说明认为某位小说家优秀的说法是不合理的。

1. 一个人可能只是这么说而拒绝给出理由来证明他的判断。一位教师坚持说艾略特是位才华横溢的小说家而拒绝说出任何理由，我们不能认为这种说法是合理的。

2. 虽然我们对哪种理由才算得上是判断某位小说家是否优秀的好的理由持不同意见，但这并不意味着任何理由都一样。当然有些理由没有人会认为它们是相关的，一旦有人用到，我们会觉得这说明当事人对我们在做的评判小说这类事情一无所知。譬如有人说比起乔治·艾略特，伊恩·弗莱明是位更优秀的小说家，因为他的作品被翻拍成电影的更多，因为他写的小说更多，因为他是男人，或因为他的书印刷得更漂亮，我们只能说——我不知道为什么我们不能说——他显然不了解我们在做的这类事情。这些理由与一位小说家是否优秀的问题没有丝毫关系。拿来维护一位小说家创作质量的理由至少必须和他的写作有点关系。

3. 不过假设有人说弗莱明是位更优秀的小说家，因为他更受欢迎或更妙趣横生呢？这个标准算不算合理？虽然大多数认真关注文学的人会对此气得吐血，但在我看来这问题要复杂得多。的确，小说家受欢迎的程度不需要与任何涉及写作风格的事情有关。他可能只是碰巧选了个流行主题或经历了人们成为偶像要经历的神秘过程而成了众人崇拜的偶像。但我们也许会说，一本好书的基本标准是它得令人愉快，受欢迎的作家就是好的小说家，因为从字面上看他们有创作令人愉快的作品的才能。我们也许觉得把创作令人愉快的作品作为判断是否是优秀作品的唯一标准很奇怪。我们很可能会觉得这不大合理（我敢肯定大多数人会说它不合理）。不过，真是这样吗？我不知道。但对我来说有一点似乎很清楚：如果有人坚持说这是判断小说家是否优秀的好的理由，那我们不能把这种想法算作荒诞不经（但如果他说小说家优秀是因为书印得漂亮，我们能这么做），也不能证明他是错的。

我以有人提出把作品是否令人愉快作为评价文学作品的唯一标准为例，目的是让人注意到第三种使有关小说家价值的论证变得不合理的方法。虽然这种说法本身也许没什么明显的不合理之处,但如果有人不准备接受其论点带来的后果,那他提出这一论点就是不合理的。如果有人一本正经地说这是评价文学作品价值的唯一标准,那我们就该相信他会一贯坚持他的论点,不但认为伊恩·弗莱明比乔治·艾略特更优秀,而且认为阿加莎·克里斯蒂比他俩更优秀;有趣的是,《圣经》作为所有时代最畅销的书,会是有史以来最好的作品。同样,如果有人提出书的价值和它们的长度成正比,这想法在我们看来虽然可能有点奇葩,但我认为我们无法证明这是个不好的标准。不过,我们可以说这是个不合理的标准,除非那个当事人已准备好接受相关后果。例如,总的来说维多利亚时期的小说一般被写成三卷,因此比 20 世纪的小说更优秀,或者说只要我继续写,写满三千多页,本书就可以成为一部优秀作品。

这一切可能看起来很荒诞,但它有点道理。对这个领域什么才算得上好理由的看法的合理性取决于有这种看法的人是否能一直接受它所带来的后果,这一观察结果实际上帮我们做了不少工作。我们也许不能用客观的方法证明某个观点是不合理的,但通常指出这种观点可能带来的后果,引导观点持有者仔细思考他坚持的究竟是什么,他自己就会同意我们的看法,认为原先的观点不合理并放弃它。在一种情况下说什么是看重一个作家的好的理由,然后在另一种情况下又说它不是好的理由,这显然是不合理的。

4. 最后也是最显而易见的是,如果在某种程度上论证过程有误或前后矛盾,观点或论点就有可能被视作不合理。例如,我们也许会遇到这一著名论点"所有的母牛都有四条腿。它有四条腿,所以它是母牛"的变体。有人也许会说某部小说显然是本好小说,因为它结构完整,也因为众所周知好小说的结构都完整。但从好小说的结构都完整这一议定的前提显然是推不出所有结构完整的小说都是好小说的,除非能够议定结构完整是评判好小说的唯一标准。

63

尽管我们承认我们还不确定哪种理由是给予一个作家高度评价的好的理由，但这是四种可以表明有关作家水平的论证不合理的方法。那些给了观点却不准备给理由加以说明的看法，那些用了和当前问题看似毫无关系的理由的看法，那些持有者自己都不打算接受后果的看法，那些论证前后矛盾或有误的看法，我们都认为是不合理的。

同样，这些考虑使我们得以区分道德领域的合理论证与不合理论证，正如我现在要说明的。

1. 假如有人说每个人都该自杀——这是我们所有人应该做的事情。无疑这种论点就像哲学家举出的大多数例子那样，看上去很奇怪，但看起来奇怪、难以置信甚至荒诞不经的事实并不能构成反对意见。可以预想有人会这么说，如果我们在现阶段真的对该做什么保持开放的心态，那我们就不能简单地驳回我们自己不会提出的建议。问题是如果有人提出这种建议，我们能说它不合理吗？

与我们所知道的不同，在某种程度上"我们该自杀"可以为真。我们当然不能因为它显然是错的，因为我们不喜欢，因为我们觉得它蠢，或因为只有百万分之一的人会信以为真而驳回这个建议。那么做无异于说乔治·艾略特显然不如伊恩·弗莱明，因为我们更喜欢弗莱明。我们将变得不讲理，因为我们的好恶并不是认为它错的好理由。因此，在面对这种奇葩建议时，我们怎么做？我们要认真对待。

"好。"我们说，"你建议我们该自杀，对此我们不太明白并还有些疑虑。照这样看来它不是个特别合理的建议，因为你没有给出任何理由。但我们愿意听你对你的观点进行论证。你有什么理由假设'我们都自杀是件好事'为真?"

不过，这个观点的持有者也许只是简单回答说他没有理由可以提供——他只是凭直觉知道的。我们能说他凭直觉知道是错的吗？我们当然不能。但是我们有许多事情可以说：我们能说没有理由认为他的直觉是正确的；我们能说指望世界按照他没得到认同的直觉行动是不合理的；我们能说似乎没有理由表明我们该把他凭直觉得出的主张凌驾于其他人凭直觉得出的主张之上。不过最重要的是，我们可以指出如果他相信我们该这么做，并因此想说服我们该这么做，他就不得不拿出某种能让人信服的理由，仅此而已。我们不要求证明，但一些用来认可他执念的理由自然是需要的。如果他不但坚持他的执念而且坚持说提供不了理由，那从形而上学的意义上来看他是对是错的问题实际上就变得无关紧要了，因为不能指望我们把没有直觉共鸣并且没有论证的观点看成合理的。当然，有可能在仔细推敲之后，所有道德观点结果都是凭直觉（事实上仅凭少数人的直觉）接受的一些基本假设。如果是这样的话，那我们真是一团糟。自杀伦理也不比其他的更不合理。但在现阶段，当我们正着手寻求一个合理的道德观，当是否有这样的道德观还是个悬而未决的问题时，我们可以公正地说，至少这个看上去不怎么合理。 65

当然，我们关注的这个人可能会提出某种理由。比如，他可能会说我们该自杀的理由是出于上帝的意愿。那的确是个理由，但显然它没有真正避开那个单纯凭直觉的问题，因为它只是把"接受这个观点的理由是什么"的问题往回推了一步。不是问接受"我们该自杀"这个观点的理由是什么，而是很自然地，我们会问认为上帝存在的理由是什么，或更关键的是认为上帝的某个具体想法（除其他事情外提出了自杀这个要求）与现实相符的理由是什么。我们怎么知道我们认为上帝（就算他存在）确实提出了这个要求的理由是什么。显然我们马上就要转回到这个人的直觉上来了。就算他能拿出某些宗教文本，据说是知道上帝意愿的先知作品，也只是他的直觉在支持下述看法：这些文本确实是知道上帝意愿的人的作品。

那这里我们有了一个根本看不出有什么理由接受的道德观的例子，它要么是没有任何支持它的理由的孤零零的断言，要么基于这样一个前提，即本身只是个断言而且明显是值得商榷的。这也阻止不了那些确实相信的人。与人们通常的想法相反,它甚至不能表明他们相信是错的或者一定是愚蠢的,但确实能够阻止人们合法宣称相信是合理的,而不相信是不合理的。它没有什么合理或不合理,理由和这事没什么关系。

2. 现在考虑一个有理由支持但与所给理由无关的道德观的例子。与美学领域一样,除了决定这个领域究竟什么才算得上好理由的问题外,总会有些理由是明显算不上好理由的。假设有人说吐痰是不道德的。我们问他主张不该吐痰的理由是什么,想象得出他会给出许多答案,其中有些答案很难以荒诞为由而把它们放到一边不予考虑。他也许会说我们不该吐痰,因为吐痰危害公众健康,而我们应该关注公众健康的维护。以经验证实了的事实即吐痰传播细菌为前提,这应该是一种合理的论证。我们不能把关注他人健康看作与我们该怎样做无关的理由而放到一边不予考虑。但如果他不这么说,而是说我们不该吐痰的理由是吐痰会使我们把嘴噘成难看的样子呢?这样,我们就没有必要为吐痰是否很丑的真假争论不休了,因为就算这是真的,这种考虑也似乎和道德问题全然无关。这种理由是错的。

又如有人反对通奸,说那是不道德的行为。假设我们不同意他的看法,但还是觉得他的观点值得我们认真对待,于是请他说出这一主张背后的理由。他可以有许多不同的方法来论证:通奸意味着欺骗;通常导致婚姻破裂从而危害到孩子的健康成长;不该纵容婚姻关系之外以及不是为生儿育女为目的的性行为。这些论点各不相同,我们对每个论证过程的态度也因人而异。此外,如果没被说服,我们会用不同的理由来反驳这些论点。用来反驳第一条的理由是:有时候欺骗也是有道理的,或者也许通奸不一定意味着欺骗。用来反驳第二条的理由是:通奸不是导致婚姻破裂的必然原因,或者即便如此婚姻破裂也并非总是危害到孩子的健康成长。至于第三条,我们可以说我们不赞成他对性生活的看法,并要求他做出进一步的论证。

但有一点是清楚的,无论我们多么反对这个人的意见,他努力做出的这些论证看上去都是合理的。也就是说,即使我们可能不接受他的观点,他至少在讲道理,并且这些理由似乎都与道德领域相关:他谴责通奸的理由是我们不该欺骗,我们该控制自己不去给他人造成痛苦,或者我们不该做违背道德的事,这些都是道德理由。他和我们至少用的是共同的语言。

另一方面,如果他说我们不该通奸是因为通奸意味着脱衣服,而我们该尽量少脱衣服,那我们就会对他感到莫名惊讶。一个这样论证的人显然连道德是什么都一无所知。这样的论证不仅愚蠢至极、令人难以置信,而且荒诞不经、风马牛不相及,因为像脱衣服那样的考量本就不在道德考量的范围内。他所给的理由算不上道德理由。尽管说了那么多在道德领域"知道"什么的难度,但我们知道他所给的理由算不上理由。

也许有人认为我在此表达的观点无足轻重,因为肯定没有人会真的给出这种理由。但这个观点至关重要。因为一旦读者认可扮丑和脱衣服这类理由(无论这些例子有多新奇)本身不含做什么或不做什么的道德理由,他就等于承认只有某些理由才算是道德理由。如果是那样,道德规则和道德命令显然必须有道德理由的支持,我们的工作就是更详细地研究哪些理由才算是道德理由。最终只有一种理由能算得上是道德理由,我会在第六章进一步讨论。

3. 我们会认为一个人所坚持的某种道德观不合理,除非他准备接受该道德观带来的所有后果。依我看,许多第一次听说就笃信情感主义是正确伦理观的人,就可以因此被认为是不够理智的。因为据我们所知,如果一个人接受情感主义(至少某种形式的情感主义)并坚持这一观点,用艾耶尔的话说就是,"'偷钱不对'——我生成的句子没有事实意义,也就是说它不是或真或假的命题……我只是表明在道德上不赞成这么做"。[①]对此,我们可以补充说道,我正试图在受众中营造一种不赞成的声势。但如果是这样,如果这就是要说的,那就意味着我对那些

67

和我所见略同的人说"偷钱不对"就没什么意思了（因为我又怎能营造已经有的声势呢？）；意味着我们不能很好地区分这样说和拍个劝人不要偷窃的短片两者间的差异（因为它们都在表达一个人的感受并且在大造声势）；意味着道德论证的评价标准是它所造声势的效果大小；最重要的是还意味着"斗牛——呃！"和"集中营伤天害理"两者间的差异就难以区分了。

我想说的不是这些后果难以接受，虽然我觉得是这样，而是有些自称情感主义者的人还是会说"偷钱不对"——即使是面对与其观点一致的人，会用说服力之外的标准来评价道德论证，甚至会区分他们所厌恶的事和他们认为不道德的事。换句话说，他们的实际做法与他们的论证不一致。他们没有提供证据证明他们接受自己观点的后果，而这是不合理的。

4. 最后，道德观不合理的最常见原因是论证不合逻辑。显然，论证不合逻辑有许多不同的表现方式，我们在这里也无法将它们一一道来，但也许在道德领域最危险的一种逻辑谬误是：假设某事是这样的事实能够推出它该是这样的结论，这在第二章已经提到过。另一种要警惕的逻辑谬误是：用来支持某种观点的论证看上去是有关联的，本身也不矛盾，但显然不足以推出结论。换句话说，论证的逻辑性不够强，没有达到要求。在我看来，相对主义伦理理论的标准论辩就属于这一种。当然，不同社会的过去和现在有着不同的道德观——有些社会甚至完全没有我们所说的道德这一概念；此外，对于一个准备研究道德问题的人来说，这确实是一个相关的考虑因素。但这种考虑不足以证明相对主义观点的正确性。证明道德只是习俗而且在这件事上没别的可说了是不对的。仅凭这种选择性考虑的分量来假定结论的真实性是不合理的。

也许最有名（也是很好的）的一个谬误百出的论证例子是希特勒《我的奋斗》中的雅利安人种优越论，它非常值得再次曝光一下。希特勒写道：

　　与资产阶级世界和马克思-犹太世界相对的民俗哲学发现人类的重要性在于基本种族因素……它绝不相信种族平等,不过除了种族差异之外,它认识到它们价值的高低,并觉得有义务帮助更好更强的种族取得胜利,根据支配这个宇宙的永恒意志要求处于劣势和弱势的种族服从。它为贵族的自然观服务,相信这一规律正确,直到最后一个人……

　　我们今天看到的所有人类文化,包括艺术、科学、技术几乎都是雅利安人创造出来的。从这一事实中可得出并非毫无根据的推论:唯有他们才是所有高等人类的始祖……为了高等文化的形成,低等人类的存在是最基本的前提之一……雅利安人放弃了他们纯正的血统,并因此失去了他们在天堂的居留权;混血和随之而来的种族等级的降低是古老文化消亡的唯一原因。②

注意看希特勒设法塞在这两段选文中可以充当推理谬误范例的各种不同的疑似论证。首先,把明显不是事实的事断言为事实的简单谬误(或愚蠢),例如"所有人类文化"是"雅利安人创造出来的",或者"混血"是"古老文化消亡的唯一原因"。其次,"所有高等人类的始祖"这个词组究竟是什么意思,以及为什么将"人类文化"归功于雅利安人这个事实(如果它是事实的话)包含了推论"唯有他们才是所有高等人类的始祖"的意思?再次,文化优势这个前提和雅利安人在一般意义上更优越的结论之间的关联在哪里?就算雅利安人的确有文化优势,也的确是高等人类的始祖,为什么这就意味着雅利安人的价值更大(就像希特勒认为的那样)?但最重要的是,希特勒凭什么认为更好就是更强?还会有比认为"因为强者实际上主宰着弱者(希特勒将这一观察结果假扮成永恒意志和自然规律产物),所以这是天经地义的"更明显的谬误吗?

　　如果只有希特勒的脑子会做出这种推理论证,我们就不必那么担心。但很遗憾,情况不是这样。除了成千上万的人接受这一论证的事实外,这种论证现在仍

69

然存在,就像从古希腊时代起它就一直存在那样。例如,柏拉图借卡里克勒斯之口做过类似的论证:

> 自然规律表明强者战胜弱者是对的……权利掌握在占有优势的人手里。波斯王薛西斯凭什么权利入侵希腊? 凭他自然优势的权利……就像大力神赫拉克勒斯既没付钱又没获赠就牵走了革律翁的牛群,因为这是自然正义:劣势和弱势群体的全部东西都归强者所有。苏格拉底,这就是事实的真相,如果你在哲学上少浪费些时间,多去关注些更重要的事情,也许你就会明白。[3]

我想读者不需要我再具体指出某些现代国家究竟用了哪些论证来证明种族歧视的合理性,从本质上看这些论证只是重复了卡里克勒斯的谬误。

我的结论是即使不知道一个观点为假,也有多种方法可以认为它不合理。我们简要介绍了其中一些方法以及一些显然不合理的伦理学立场。我们在寻求一种合理的伦理观,也就是据理力争的,而不是谬误丛生的、没头没脑的或未加充分证实的,最重要的是它是由算得上道德理由的理由支持的。结果可能是几种观点同样合理,或者没有哪种观点比其他的更合理。但我的观点是功利主义是合理的,其他的都不合理,功利主义还顺便向我们揭示了是什么把理由变成道德理由。

注 释

① Ayer, A. J., *Language*, *Truth and Logic* (Penguin, 1971), p. 142.

② Hitler，A. ，*Mein Kampf* (Hutchinson，1972)，p. 348.

③ Plato，*Gorgias*，483.

延伸阅读

对于本章的中心论点，即只有特定的某种理由才可以算作道德理由，沃尔诺克（G. Warnock）的著作《道德的目的》(*The Object of Morality*，Methuen，1971)中有着更为详尽的讨论。彼得斯（R. S. Peters）也在《权威、责任和教育》(*Authority，Responsibility and Education*，Allen Unwin，1973)一书中的《道德教育的形式与内容》(Form and Content in Moral Education)一文中提到了这一论点。

有关"合理性"及其他相关概念，参见以下书籍中第二部分收录的文章：Dearden，R. F. ，Hirst，P. H. ，and Peters，R. S. （eds），*Education and the Development of Reason*(Routledge Kegan Paul，1972)。

第四章

自 由

人们一直非常看重自由。最早把它称为理想的文献中就有公元5世纪雅典人的各类著述。这不是意外，因为雅典是民主政治的诞生地，从传统上说自由和民主密不可分。伯里克利因修昔底德①著名的城市颂而长留在雅典人的自由史中。

希罗多德甚至将雅典在公元5世纪的崛起归功于这座城市刚刚获得的自由。"证明，"他说，"如果需要证明自由是多么崇高，这不仅体现在一个方面，而是在所有方面。"

这真是鼓舞人心的好东西，和它一样好的还有许多历史上发表的政治演说、戏剧、小说选段。不过自由到底是什么意思？我们到底该怎样理解米克·贾格尔的这些话：

> 我反对任何干涉个人自由的事情。作为一个新教徒，我不会接受别人说对的事情。像我这样的人有好几百、好几千。②

这些话之间有关联吗？国教徒就必然会反对个人自由吗？新教徒就必须拒绝任何领域其他人说对的任何事情吗？什么样的新教徒像贾格尔那样被成千上万的人簇拥着？最重要的是，贾格尔（还有几千个追随者）赞成的所谓"个人自由"是什么？就目前情况而言，引文本身看起来和出现在同一卷中的埃里克·伯登的想法一样无益。伯登认为扎帕一定"非常有影响力",因为"他会捧着一束鲜花坐在马桶上拍写真,如果他相信这样能把人唤醒"。

我在这一章想说的是有关自由的大量谈论变成了毫无意义或难以理解的喊口号的行为。只是说赞成"自由"或"自由"是好事并不能使我们取得任何进展。不过我并不打算说自由是坏事或者人们不该获得自由,因为这些说法和反方观点一样晦涩难懂。相反,我想说的是如果我们不管个人自由是好是坏就继续研究下去容易误入歧途。我们得说得更具体些。

人们谈论自由的方式有两个能被立刻注意到的有趣的要点。从雅典人发现其重要性开始,这两点就显而易见。首先,不仅是讲民主的雅典人以自由为荣,斯巴达人也以他们是个自由的民族而自豪。这真是太不寻常了,因为斯巴达是个僵化的专制国家,它所受的控制和约束比大多数现代国家多得多,以至于我们会认为它是一个极权统治下不民主、没有个人自由的国家。斯巴达人怎么有理由说他们是自由的呢?如果真是这样,俄罗斯人又该怎么说他们是自由的呢?然而他们这么做了。我们猜想"自由"一词太感性,所以没人敢公开说它不怎么重要。

这就引出了第二点。不仅"自由"一词带着强烈渴望的色彩(不仅是"规范性的",用专业术语来说),所以明显不相容的各类政府都迫不及待地声称支持自由,而且这个术语的歧义、其描述性含义的不确定性都使有头脑的人转变观念。希腊人再度提供了生动的例证。柏拉图就民主政府以及它所注重的自由如是说道:

> 在民主国家,人们是自由的……任何人都可以做他喜欢做的事……这样,每个人根据自己的兴趣安排生活方式。结果人的行为方式比我们在其他任何体制下发现的要多得多。所以民主国家也许是最好的政府形态,有着形形色色、各种各样的人物。当然许多人认为这样最好,就像女人和孩子会去欣赏那些有许多颜色和图案的衣服一样。如果我们在寻找一个政体,这是个

72

65

寻找的好地方。民主国家是那么自由,它有着各式各样的样本。你没有履行责任的义务,无论你能力有多强;你也不必对当权者俯首听命,如果你不喜欢……或许你没有权利担任公职或坐在陪审席上,但在这种精神的感召下你会这样做。的确,这是种自由、惬意的生活。③

但柏拉图并没有满足于这些关于民主自由的风凉话。相反,他详细论述了人们在民主国家并不是真的自由。能做你喜欢做的事情不是真正的自由。他说真正自由的人是自律的人——一个激情、冲动、欲望受理性控制的人。某个群体的法律以维护理性为目的,因此法律是自由社会的必要条件。基于此,我们可以说柏拉图的社会目标是自由,但“他所说的个人自由,不是允许做自己喜欢做的事,而是包括免于非法逮捕的自由,总的来说只服从于为大众利益制定的法律”④。这种自由观使他提倡专制政体,虽然他有理由说这是有前提要求的,但这显然不完全是民主倡导者心目中的自由。柏拉图也许有理由说他的理想国提供“真正的自由”,但像米克·贾格尔那样的人会合理应对说这不是他所谓的“个人自由”。当然,我们不确定贾格尔是否能轻松融入理想国的生活。

我不打算在这里继续柏拉图的话题,虽然它和我下面要考虑构建的所谓积极自由观比较相似。他的例子是用来提醒我们“自由”是个复杂的概念,它可以为观点迥异的拥护者占为己用。

让-雅克·卢梭在《社会契约论》开头部分说的“人生而自由,却无处不在枷锁中”是个好的开端,也是不错的战斗口号。卢梭的论点是:正因为人生下来是自由的,所以他该终生自由。遗憾的是,这个论点错误百出。人生而自由的命题到底是什么意思? 在哪种意义上人生而自由? 由于人生下来或多或少会有些无助——远比其他大多数动物出生时更无助——他不是生而自由可以做许多事,当然只有当他有能力做这做那的时候说人生而自由可以做这做那才讲得通。事实上人不是生而自由、无拘无束；也不是处于原始状态（与文明社会相对），因为各种自然现象可能限制他的自由；更不是所有人生而自由，这里的自由指的是不受他人随意强加给他的约束——对此我们可能会感到痛心，但事实是很多人一生下来就是奴隶。此外，就算我们同意在某种意义上人的确生而自由，从逻辑上看这也并不意味着人该自由。这样的论证有误，属于从"是"推出"该"的那类谬误，即从事情是这样的陈述推出事情该这样的结论而跳过了中间求证这一推理合理性的论证部分。这种推理的毛病很容易说明：从人往往很自私的事实，如果这是事实的话，我们不能推出他自私是对的这一结论；从人生来依赖母亲的事实，我们不能推出他该终生依赖母亲的结论。在某种意义上人该自由也许是对的，但如果这是对的，那也不是因为他生而自由，就算在某种意义上人生而自由是对的。

有了这些考虑，没有人思忖片刻后会真的认为卢梭只是在阐明他的观点即人该自由。他没有给我们提供任何分享他观点的理由。像"人生而自由，却无处不在枷锁中"这种话根本算不上论辩的组成部分。这话比较感性，为的是动之以情，就像政治宣传标语一样。这是对自由的呼唤。

然而，这是我们许多人会自动响应的呼唤。我们许多人像卢梭一样看重自由，虽然值得记住的是我们从小生长在、现在还生活在一个注重自由的社会里，这在一定程度上影响着我们头脑中这种看法的形成。从我们基本上都看重自由的事实出发，显然不能推出人必须看重自由或我们看重自由是对的这样的结论。但目前让我们接受即时感受——自由是宝贵的，然后问出一个明显的问题：什么是自由？因为不澄清我们说的自由究竟是什么意思，就不能继续讨论它是否宝贵的问题。

某些哲学家力挺一种叫作积极自由观的概念。他们指出（他们说得没错）我们可以获得不受各种限制与强制措施约束的自由（free from），但我们也可以自由地去做各种事情（free to）。然后他们指出，如果在提倡自由的时候我们想的是不受各种约束的自由（叫作消极自由观），我们提出的就是一个枯燥乏味的理想，而且还会碰到一个问题，就是有些约束也许看起来是可取的。因此，他们说自由真正的意思是做事情的自由，如"发挥潜能""实现人格"或"在激情和欲望之上建立理性规则"。（这是积极自由观，它可以追溯到柏拉图和亚里士多德，他们认为消极自由观"心胸太过狭窄"。）如果我们这么去考虑自由，那显然意味着为了促进自由，约束与限制实际上是需要的。因此，班托克写道："实现'真正'自由所涉及的是某种限制措施。自由，事实上，是有待实现的事而不是有待接受的事。"⑤

　　我觉得积极自由观的最重要的倡导者之一班托克是位教育家并不是巧合。因为只有在关系到才华、智力、性格以及能力都尚未完全形成的孩子们的时候，说取消所有约束不太理想似乎才最具说服力，我们才能通过各种强加给他们的要求积极促进他们发展并最终促进他们自由。通过强制孩子们上学（这里我故意用了强烈的措辞），逼迫他们学习读写，强迫他们学习文学，我们无疑会给他们以后的生活开辟出道路，不然的话这些道路会一直关闭，这样他们作为成人就有了做事的自由，不然就没有。

　　然而，说至少在某些场合对人们加以限制是合理的或最好不过是一回事。说自由必然涉及"某种限制措施"却是另一回事，因为它等于说"某种限制措施"是"自由"的部分含义。

　　眼下我不关心在"给孩子或成人加以限制是否最好不过"的问题上表明立场。（我将在下面和本书的第三部分讨论这个问题。）这里我只想说积极自由观是无益的，并且是和"自由"意思相悖的文字把戏。如果我们准备接受积极自由观，我们仍然面临该选哪种积极自由观的问题。例如，我们该把目标设定在"实现人格"还是"建立理性规则"上？这两个词组的意思相近吗？"实现人格"是什么意思？我们希望所有人都实现人格吗？作为积极自由观基础的"不受……约束的自由"（free from）和"自由地去……"（free to）之间的差异有多重要？我觉得不怎么重要,因为我们总能把"free from"换成"free to"的方式来表达,反之亦然。如果一个孩子能自由地去实现人格,那他就享有不受那些妨碍他实现人格的约束的自由。

　　不过主要的反对意见是积极自由观通过改变自由一词的意义即"不受约束"来混淆视听。要强调的是,我认为这的确是自由的意思,但这并不意味着一个自由人就是不受任何约束的人。问题要比这复杂得多,主要是因为如果自由的意思是没有约束,那就意味着存在各种形式的自由。确切地说,就是有多少不同种的约束就有多少不同种的自由。我们尽可讨论身体自由(就是没有身体上的约束)、心理自由(没有心理上的约束)、道德自由、法律自由,等等。可想而知,一个人有可能身体是自由的但心理不自由,或者法律上是自由的但道德上不自由。既然如此,我们显然不能说一个自由人就是不受任何约束的人。没有人真正不受任何约束。人是否自由的问题至少在某种意义上是一个程度问题。

　　因此,要得出什么是自由人的结论,需要从一个人有可能受到但从逻辑上看也可能不会受到的各类约束中做出选择,并辩称只要一个人享有某种或各种自由,他就算是自由的(只要他在某些方面不受约束)。

　　但这问题因"为了一个人日后有机会获得自由而有必要现在以各种方式限制他的自由"的事实而变得更加复杂。例如,约翰·怀特最近说理想状态下人们应该有自行选择他想做或认为值得做的事情的自由,但他也注意到如果人们有自行选择的自由,他们就必须要有自行选择的能力。这意味着他们至少必须对各类事情的具体内容有所了解。因为如果我对诗歌创作一无所知的话,我就不算是真的选择不去进行诗歌创作。这场论辩的结果是教育必须在各方面对学生加以约束,要求他们参加一些他们自行选择时不会去选的活动。"我们是对的,"怀特总结道,"让孩子们现在受些约束,为的是他们今后有更大的自主权。"[6]

　　不过在解释个人自由这个问题的时候有必要化繁为简,一次关注一个问题。所以我建议研究一下我称之为社会自由的问题。这是个有关人该在多大程度上受到他人约束（无论是直接或间接地受制于法律或惯例）的问题。有人似乎认为一个人做他能做的和想做的事情的自由不该受到这样的限制。我将从证明这是个非常愚蠢的观点开始讨论。

首先，要考虑这一要求的后果。有一点前面已经提到过（在不同的上下文中），就是在思考构建积极自由观的理据的时候。如果没有人可以限制或约束他人，那么没有人可以给孩子们提要求。也就是说，没有人可以坚持要他们受教育，没有人可以在他们身上施加任何具体限制，如要求他们锻炼身体、合理饮食或学习算术和读写。当然我们知道许多教育家的确推崇非学校化之类的做法，质疑让孩子读书的价值。但我们得分清：有些人认为事实上有比强迫孩子们上课更有效的帮助他们学习的方法，而有些人认为我们不该强迫孩子做什么或阻止他们做他们想做的事情；我们得分清：有些人质疑在电视时代学习读书的价值，而有些人质疑成人管束孩子的权利。我们在这里考虑的要求不是免掉孩子们的某些约束而是全部约束。这样当然不行。如果我们这么做了，那就意味着我们认可这样的观点，即如果一个孩子不幸有发展成"小霸王"或庸人的迹象，也不能加以阻止；那就意味着我们赞成不用任何短期约束来换取孩子长期利益的观点。具有讽刺意味的是，这个要求非常极端，它实际上会不可避免地造成严重的不平等现象和社会分层现象，因为一些有自然天赋和强烈求知欲的人会经自行选择迅速发展技能、知识和能力，然后彻底把自己同弱者和愚者区分开来。对此，至少对于孩子来说，自由方面必须有一些约束。

其次，如果不受约束是合理的，那么哪怕对于成人来说，我们也将维持这样一种状态，即强者和富人更强，弱者和穷人更弱。因为正如常说的那样，限制和约束能发挥不同个体的优势。限制他人盗窃我的财物、揍我或杀我的自由是我喜闻乐见的限制之一。一个没有了任何约束的世界，将是个只有强者生存的世界。

关于提倡绝对自由（就是没有任何约束）的后果就讲这么多。依我看，单单思考一下后果就足以表明这种对自由的非分要求是不合理的。但也许我只是胆怯、懦弱——害怕自己失败。我们怎么向那些梦想成功的人证明要求绝对自由是不合理的？不难表明，"人们应该有做任何他们想做事情的自由"的主张是个既无法实现又荒唐可笑的理想。

这个理想无法实现的理由是：如果每个人真正有了做他想做的事情的自由并且不受其他公民的任何限制（直接或间接地受制于法律），那大概没有人能阻止他做事，如夜深人静时大声喧哗、无所事事、上门拜访、杀人或偷窃。不只是杀人或偷窃之类一看就是错误的行为需要引起我们注意。重要的是，如果从字面上理解人们有做任何他们想做事情的自由这个要求，我们即使在上门拜访那样的无辜行为上也会遇到困难。因为上门拜访就像大多数人类活动那样会打扰到他人。如果我拜访你，那我侵犯了你的自由，除非你要么选择同时接受我的拜访要么行使说"滚"并把我拒之门外的自由。不过如果你采取后面那种做法，那你就侵犯到了我的自由：说我有拜访你的自由就不再是真的了。换句话说，每个人都有做他想做的事的自由这一想法逻辑上是无法实现的，除非每个人的选择恰好都是协调的。

这个理想也荒唐可笑吗，就像我之前说的？我们可以说任何逻辑上无法实现的理想都相当荒唐可笑，但另一个反对意见是坚持这种想法的后果是什么事都是对的，什么行为都是合理的，只要这是我们自由去做的。如果人们该有做任何他们想做事情的自由——如果，换句话说，对于人们有自由去做什么类型的事情没有附加条件限制——那就意味着他们做什么都没关系，只要他们自行选择这么做。也就是说，恃强凌弱、吃甜食、自杀、杀人、偷窃、做爱、读莎士比亚作品、坐在厕所里手捧鲜花、浪费某人的天赋等都是合理的行为。需要注意的是，我故意没有只提一些看着就令人厌恶的活动。在这个阶段我不想回避问题的实质，去谈论什么有些事不是人们该有自由去做的。这里的重点是：如果我们的理想是绝对选

78

择自由,如果那是最重要的,那么我们实际上是在说上面列举的各种行为——或者其他什么行为——在道德上没有区别。那有什么理由认可"任何行为在道德上都没有区别,最高道德问题是这些行为是否都是自由选择完成的"这个不同寻常的结论呢?我找不到任何理由。我找不到理由来认可这个结论的事实当然不能用来证明它的不合理性。我在此呼吁读者:有人能接受这种观点的后果吗?有人能接受任何行为的道德价值都没有区别这一说法吗?如果读者和我一样觉得无法接受这样的后果,那就意味着使用"人们该有做任何他们想做事情的自由"这句套话是不合理的,反对某些约束自由的具体做法就因为它们是约束是不合理的,捍卫某些形式的自由就因为人该自由也是不合理的。

如果我们认为能想象得出人们不该有自由去做的事情,即便在现阶段我们每个人对于是哪些事情有着不同的想法,那么我们义不容辞的责任就是不只是说"自由"(不带任何条件)是好的或者人们该有做任何他们想做事情的自由。看起来我们并非认为自由是好的或人该自由是好的,相反我们认为人们在某些方面(虽然尚不明确是哪些方面)该有自由是好的或我们认为人们该有自由去做他们想做的事情是有附加条件的。

如果我的观点可以接受,那么下一步就要考虑人们在哪些方面该有自由或者对于人们该有自由去做他们想做的事情这一主张该有哪些附加条件。我会在第六章中再做讨论,因为要决定给人们的自由加上什么限制,我们得将其他价值考虑在内。例如,我想说就算雇主能找到拼命想挣钱的人,也不得有给付低到每周三美元工资的自由。为了证实这一点,我显然可以说有些事比雇主的这种自由重要得多。同样在所有其他情况下,当我们考虑人们是否该有做什么事的自由(或没有……的自由)时,我们得将自由的价值和其他价值一并考虑。正因为如此,在讨论其他价值之前我们显然不能明确人们该有做哪些事情的自由。例如,我们在讨论平等这个概念、得出平等所涉内容的结论、形成平等相对自由而言的重要性之前,不能说平等比自由更重要,不然两者会有冲突。

在结束本章讨论之前,我将提一下不涉及其他价值的两种对自由加以限制的观点。

一种观点是:唯一加在人们做他们想做事情的自由上的限制是自由本身设置的限制。换句话说,就是只要每个人做他们想做的事情时不会侵犯到他人自由,就有这么做的自由。这一说法对许多人来说是有吸引力的:它说得很清楚,而且看上去保证了相当大的自由。但仔细观察后,我们极度怀疑它能带来多少自由,并发现这一观点不能令人满意。

正如我们已经看到的那样,许多无辜的人类活动会自然而然地侵犯到他人的自由。既然是这样,要么我们得剥夺人们做各类事情的自由(没人会真的这么建议),要么我们得面对一个类似鸡生蛋还是蛋生鸡的问题。因为当我们决定哪些是我们想要的自由时,照这个想法就是问以什么为先:我做不侵犯你自由的事情的自由还是你做不侵犯我自由的事情的自由? 例如,是说你不该晚上在我隔壁房间里吹喇叭,因为你吹的话就剥夺了我在房间里学习的自由;还是要说我不该拥有学习的自由,因为它会侵犯你吹喇叭的自由? 在我们能有效利用这个想法之前,我们已经必须用其他的方法做出决定,即有些自由比其他的更重要。因此,我们可以说晚上睡个好觉的自由不是至关重要的,这样运输承包商应有晚上开着十吨卡车经过房子的自由。晚上卡车不得开过居民区的要求就可以被解释成侵犯运输承包商自由的非法要求。不过在这个例子中,受到侵犯的睡眠自由是根据什么被判定为并不重要的?

我们可以修正一下这个想法,使它更合乎情理,并且能避开我所举的这些例子(对有些人来说可能无足轻重,不过对那些住在吹喇叭的人或运输承包商隔壁的人来说就不同了),即人们该有自由去做各种不伤害他人身体的事情。基于此,可以说我不该有袭击你的自由,因为这显然涉及对你身体自由的侵害。但这一修

80

正也不能使这个想法令人满意。首先,这个想法要有用的话,我们需要给什么是对他人自由的"身体限制"下个确切的定义。其次,一旦我们给出了确切定义,按照这个如何去限制自由的想法很可能就有许许多多事情并不会给他人自由带来身体上的限制,它们都是人们该有自由去做的事情,但其中却包括很少有人愿意容忍的事情,比如敲诈。除此之外,我们依然面临着鸡生蛋还是蛋生鸡的问题:如果你有把我这个人排除在你房子之外的自由,我就没有进门的身体自由。如果我有进门的自由,你就没有把我挡在门外的自由。在两种自由之间我们如何选择?自然无法遵照"人们该有自由去做各种不伤害他人身体的事情"的原则。

另一种试图对自由加以限制而不涉及其他价值的观点是:区分"放纵"和"解放"。为了解惑,哲学家曾多次提出这个方法。但因为它被教育家尼尔重新提起,看来我们有必要再考虑一番。按照这个观点,"解放"是值得拥有的自由,而"放纵"是不值得拥有的自由。因此,自由的问题就很容易解决,要附加的限制也很容易明确。我们应该尽量多给些"解放",而不要"放纵"。

81 读者马上可以发现,这只是个毫无意义的文字游戏。虽然我们理论上不再问"人们该有哪种自由"或"我们怎么决定赋予人们哪种自由"的问题,但这两个问题的答案都是我们该给他们"解放"而不是"放纵",我们就不得不问怎样区分"解放"和"放纵"。显然这是同样的问题。因为"解放"被定义为"值得拥有的自由",所以问题"相对放纵而言哪种自由是解放"和问题"什么是值得拥有的自由"完全一样。但无论怎么措辞,这种方法中没有什么能帮助我们解答自由问题。

如果读者看了尼尔的《夏山学校》(Summerhill),就会发现那些没能领会提倡自由不是提倡完全不干涉儿童意思的人受到了强烈谴责。尼尔说:"许多家长弄不明白的是自由和放纵间的差别。"⑦不过无论我们把这本书看得有多么仔细,我们还是找不到关于如何区分自由和放纵的方法。所能找到的都是尼尔首肯的各种自由的例子,从定义看必定是"解放";而他不允许的自由,根据定义必定是"放纵"。书中没有说明为什么要将它们这样分类,有时候也很难说两种自由,即允许的自由(解放)和不允许的自由(放纵),之间有什么本质区别。例如,尼尔凭什么认为孩子可以拿母亲的贵重首饰玩,就算玩坏了也是情有可原的,但是他们踢书房的门却不可饶恕? 要强调的是这里的问题不是我们是否赞成尼尔的判断,而是他凭什么区分这两种自由或其他自由的?

　　本章的论点如下:"自由"是个非常感性的概念,感性到在整个历史进程中人们都曾经用有利于他们政策的方式来解读这个概念。然而,避免构建一个积极自由观并且避免把"自由"当成"不受约束"看来是合情合理的。我们的讨论从坚信人们不该受到他人约束或违背自己的意愿任人摆布开始,但很快我们发现无法接受人们不受任何限制或约束的情况。一部分原因是有些限制不可避免,另一部分原因是我们觉得有些事情是人们在任何情况下都不该有自由去做的。还有一层考虑就是,从长远看限制和约束能促进自由。

　　我们拒绝接受"人们该有自由去做任何不影响到他人自由的事"的想法,因为仅仅基于这个想法,不可能针对"人们该有做什么事的自由"的问题找到答案。我们也拒绝接受用给予"自由"禁止"放纵"来解决这个问题的想法,因为它曲解了问题的本质。

82

　　我们需要一些关于其他价值的主张可能凌驾于自由主张之上的情形描述。这样的描述涉及对其他各种价值的看法,因此对于问题"什么是自由的限度",要到后面的章节才会有答案。

　　我们已经清楚,如果接受本章论点的话,必然有某种考虑(或某些考虑)会比自由的主张更重要。会有这样一个时候,自由的主张不再至关重要。如果是这样的话,就不能因为某种限制只是影响到了自由而反对它,就不能简单地说"真讨厌,因为它限制了自由",我们需要继续说清楚为什么这种对自由的限制是讨厌的,而其他的不是。

注　释

① Thucydides，*The Peloponnesian War*，2. 35 ff.

② *The Permissive Society*，The Guardian Inquiry（Panther，1969），Vox Pop，p. 15.

③ Plato，*The Republic*，557（adapted）.

④ Crombie，I.，*An Examination of Plato's Doctrines*，vol. 1（Routledge &.Kegan Paul，1962），p. 161.

⑤ Bantock，G. H.，*Education and Values*（Faber &. Faber，1965），p. 99.

⑥ White，J. P.，*Towards a Compulsory Curriculum*（Routledge &. Kegan Paul，1973）.

⑦ Neill，A. S.，*Summerhill*（Penguin，1968），p. 105.

延伸阅读

有关哲学上对自由问题的初步探讨参见书籍:Benn，S. I.，and Peters. R. S.，*Social Principles and the Democratic State*（Allen Unwin，1959）。彼得斯的《伦理学与教育》(*Ethics and Education*，Allen Unwin，1966) 一书较为简略,不过基本上讨论的是同一个话题。

涉及自由这个话题的经典文献有:Mill，J. S.，'On Liberty' in Warnock，M.（ed.），*Utilitarianism*（Fontana，1962）；Locke，J.，*A Letter Concerning Toleration*（Bobbs-Merrill，1950）。

第五章

平　等

美国《独立宣言》中有这么一句话："我们认为下述真理是不言而喻的,即人人生而平等,造物者赋予他们若干不可剥夺的权利。"显然,就像我们在讨论直觉主义伦理学理论的时候提到过的那样(第二章),现在许多美国人不信有造物者,说这些是不言而喻的真理没有多大帮助,因为它们只对信奉造物者的人来说是不言而喻的。然而,我们许多人的确声称他们信仰平等。问题是我们信仰平等是什么意思? 什么是平等? 有什么理由使我们看重平等?

"人人生而平等"或"人人平等"之类的话显然不能被直接当作描述性事实。那些人说的人人平等并不能被理解成和"人人血管里有血液"或"大多数人有两条腿"一样的陈述。描述性事实是并非所有人都平等,他们在体形大小、智力、悟性等很多方面都不平等。看来必须将"人人平等"理解成说话者表达观点的一种方法,即"所有人该平等"。但说所有人该平等是什么意思? 说所有人该在身高、体重、智力等方面平等没有多大意义,因为显然所有人不可能在这些方面都平等,至少他们在这些方面该不该平等的问题我们管不着。当然,说所有人该平等的意思是所有人都该被平等对待,被视为同等重要,他们的利益会得到平等的考虑。因此,像人人平等那样孤零零的主张只是说,举个极端的例子,有些人不该成为他人的奴隶,因为把世界分成奴隶和主人,显然涉及不平等对待,以及对一个群体利益作了不平等的考虑。

但现在有个问题。奴隶制是我们时代不平等对待的一个不争的例子,但平等对待究竟是什么?如果奴役他人是不平等对待他人,那么家里的佣人算什么?他们受到不平等对待了吗?煤矿工人和学校教师受到不平等对待了吗?是否只要一个社会支付的薪酬不同,提供的工作不同,提供的学校教育不同,或各成员所住的房子不同、生活方式不同,就是不平等?一个平等社会是否要求每个人住在一模一样的房子里,或至少像波兰那样每个人的居住空间有着完全一样的最大限值?一些反平等主义者试图说明"平等对待"意味着"用完全相同的方式对待";平等社会是一个由几乎相同的人组成的社会,他们缺乏个性,就像一群海豹一样;所以平等的价值是不确定的。但这是平等社会或者人人受到平等对待的社会的意思吗?

虽然许多人可能正好希望能存在一个社会,其中在个人生活方面的差异比现实社会中的少些,但是肯定很少有人会把"平等对待"看成是在所有方面用相同的方式对待所有人。因为提倡这种做法就意味着,别的不说,病人没有特殊医疗,老人没有养老金,新生儿和成人口粮相同,以及人人包括智力障碍儿童和神童都接受完全相同的教育。因此,虽然一些人的结论是,把人人得到平等对待作为理想能带来某些具体结果,如同工同酬,但他们的"平等对待"不可能是"用完全相同的方式对待"的意思。基于此,我们的问题是:"平等对待"是什么意思,既能使提供病人特殊医疗看起来与它不矛盾,又能使同工同酬之类的具体要求看起来与它如出一辙?"平等对待"怎么能在某些方面意味着同等待遇而在另一些方面差别待遇?

假设有人反对,说只给病人提供医疗帮助是一个不平等待遇的例子。我们要怎么回答?对此,我认为:"无论人生不生病,花钱给所有人分发同样数量的药品毫无意义,而且无论他们的身体状况如何,给所有人做手术是荒唐的。我们只给需要的人提供医疗帮助。某人病了的事实是给他而不是其他人提供医疗帮助的相关理由。"同样,如果有人想说,无论他们的工作性质是什么,所有人该得到同样多的报酬,接着他大概会这么说:"为什么给公司经理的工资比工人的高? 因为他们承担更多的责任,因为他们工作更加努力,因为他们更加聪明? 但这些说法要么是错的,要么没能给出拿高薪的相关理由。为什么一个人学术水平更高或在某种意义上更聪明的事实要被视为多给他工资的相关理由?"这样的论辩是否有说服力和这里要说的重点无关。这里的重点是当我们以平等的名义思考一个差别待遇的例子是否可以接受,我们的做法是问不同的人群是否具有构成差别待遇相关理由的差异。换言之,我们认为,除了人们之间的差异构成差别待遇相关理由的情况外,平等对待意味着同等待遇。

这就是说,平等原则或所有人都该被平等对待的说法,等同于公平原则或所有人都该被公正对待的说法。公平公正并不是指用同样的方式对待所有人,那还不如不分青红皂白。一个公正的人只在有充分理由的时候才会厚此薄彼。例如,一个公正的电影评论家根据相关理由,也就是与他所做工作的性质有关的理由,对有些电影赞不绝口,对有些电影嗤之以鼻,对有些电影口诛笔伐。但一个热衷于所有电影的评论家就会良莠不分:他对那些和区分这些电影质量有关的原因(例如演技、摄影技术、导演水平等)没有什么概念。一个偏袒的评论家会区分电影,但他用来区分电影的理由是错的或和他的工作性质无关。例如,他可能对他朋友拍的所有电影都赞不绝口,仅仅因为那些电影是他朋友拍的。

那有没有支持我们该公正这一观点的论辩呢? 有一个我们现在会遇到的奇怪论辩,大意是存在"正当偏袒"这样的事情或有时偏袒是好事。这个观点似乎来自对"公正"的误解,随之而来的假设是一个公正的人是不受约束的中立者。由此产生的观点是,比如呼吁公正的教师就是呼吁朦胧的自由主义者:那些人避免表明立场,避免在他们所教的孩子面前袒护任何一方的观点,因此(言外之意似乎是这样)也避免了去批判现状,避免了去强烈反对我们社会的不公。当然,如前所述,一个不偏袒的教师不一定不受约束。如果我们把"中立"理解成"徘徊在两种观点或立场之间""不受两种相反观点中任一种的约束"或"避免偏袒一方或另一方",这些看来都是可以接受的工作定义,那为什么一个公正的人在任何情况下必须保持中立还需要理由呢?公正的电影评论家在评判他不得不看的电影时离中立相去甚远。他"褒奖"那些自己觉得好的电影,"贬损"那些觉得不好的。真正公正的人只会保持中立,在他认为没有好的理由偏袒一方而不是另一方的情况下不受任何约束。如果有好的理由偏袒一方而不是另一方或积极支持一方的时候,他会这么做。要求公正无非就是要求我们有好的理由来区别对待或偏袒一方,为不公正找到好的理由逻辑上是不成立的,因为这意味着有好的理由来说明区别对待或在没有好的理由的情况下偏袒一方。

本书中有好的理由这个概念举足轻重,所以简要讨论一下人们现在有时会问起的一个问题看来是合理的:"我为什么要操心我的信仰、态度、行事方式是否有好的理由?强调理性难道不是某种传统,不是用来维持某种生活方式、某种看待事物的方式以及某套价值观的吗?人的理性终究容易出错,为什么我们不该依靠自己的直觉呢?"(我们怎么判断什么是"好的理由"这个关键性的问题将在下一章讨论。)

最近这样的问题似乎问得比以前多,也许是因为对理性传统结果的幻灭感增加的缘故。人类强调了几个世纪的理性,但是都没能得到合理的答案。这个世界的问题看起来和以前一样没有寻到解决的方法,对于那些有着满腔热忱和奉献精神的社会改革家来说,有什么比那些坚持无错推断的人的吹毛求疵更恼人的呢?如果我们被社会不公激怒而决心寻求解决方法,那么至少因为论证细节上的瑕疵遭到曝光和批评所受的牵制也是令人厌烦的。

　　冒着进一步惹恼反理性主义者的风险,我们必须坚持区分理性没有解决世界问题的观点与我们能正式放弃信仰和行动要有理由的观点。我们不仅要承认理性没有创造人间天堂,还要承认它可能永远创造不了人间天堂。这些年理性传统构建了许多我们认为合理的假设,但事实可能并非如此。然而,认为许多强调理性的人事实上不怎么理性并且有些人实际上具有把讲理和用自己方式看待事物混为一谈的倾向是一回事,说讲理不重要却是另一回事。

　　最近学校和大学一再遭到批评(来自学生和教育家),原因是这些机构里的教师不但强调理性,而且自己判断什么算是合乎理性的,因此使现状得以维持。现状到底在多大程度上得到了理性的庇护,我不清楚。我也不打算在这里讨论该在何种程度上打破现状的问题。我想指出的是,虽然我们可以适当批评那些人说他们认为合理的观点本身并不合理,但我们自己不能坚信有个好理由原则上并不重要的观点。如果是那样的话,我们又有什么理由批评那些坚持不合理观点的人呢? 如果一种立场不需要好理由的支持,那为什么有人会觉得,沿用上面的例子,有些人一心想维持现状是无法容忍的呢? 如果我们觉得那些人这么做是错的,那我们应当只是感到愤怒而已。如果有好理由的立场与没有好理由的立场之间没有差别,那么人们采纳的观点又怎么会"出错"呢?

　　需要强调的是,我们坚持说要有好理由的概念很重要,并不是坚持说人们必须就某些理由是好的达成一致意见。这是另外一个问题。任何人一旦认识到要坚持的只是好理由的形式原则,就很难否认它的重要性。例如,问它为什么重要已经表明我们看重这个概念,因为我们问的是看重它的好理由。此外,如果我们不在意答案是否合理,那么探讨我们在本书中关注的这些问题又有什么意义? 如果要有好理由的概念被作为理想放弃,就很难看出我们如何能够继续沟通。"因为你有五根手指,所以我不喜欢你",与"因为你一直打我,所以我不喜欢你",就可接受性而言会变得毫无二致。

87

我认为我们都是以这种方式理解公正原则和平等原则的,但事实上单单形式原则的实用价值非常有限。它告诉我们如果我们想平等待人就该以什么方式去做,但它没有告诉我们在任何具体情况下平等对待意味着什么。它告诉我们只在有这么做的好理由的情况下才能差别待人,但它没有告诉我们什么是差别待人的好理由,甚至没有告诉我们如何着手判断一个理由是好是坏。例如,假设我们赞成人们在需要的时候能得到免费医疗,给我们命令的不是平等原则本身,而是我们对什么与医疗资源分配有关所做的判断,参照我们的目标、相对目标而言人们的不同需要以及医疗帮助的性质来决定。医疗保健服务是防病治病的方式,我们的目标是保障人民健康,所以我们给病人提供医疗服务。平等原则所做的就是告诉我们采纳这种方法。但是当人们就理由是否和某个具体的分配问题相关一事发生争执时,就像责任大小或智力高低是薪酬差异的相关理由那样,平等原则就帮不了我们什么忙。那些提倡同等工资待遇的人要做的不只是说平等要求同等工资待遇,因为那只是当我们把平等对待理解成在任何情况下都意味着同等待遇时才是这样的。这样我们又回到了原点,面临着所有人在所有情况下都该被同样对待的结论。他们有必要解释一下为什么有关不同薪酬提出的标准都是不相关的。反之,那些声称不同薪酬有相关理由的人需要解释一下为什么这些理由是相关的。在这两种情况下平等原则都帮不了什么忙。

有些人不想构建平等原则,因为它只是形式上的原则,在回答有关分配的具体问题时过于含糊不清而无济于事。但我们不能只因为自己不喜欢或它达不到我们的目的而放弃它。问题很简单:首先,我们是否认为在某些方面差别待遇是合理的?其次,假如我们认可这一点,那是否有可能就哪些方面差别待遇是不合理的问题说得更肯定些?可能的话,我们就能更好地了解平等意味着什么,不过事实是我们只有求助于平等原则之外的原则才能做到这一点。

不过平等原则至少有两大好处。第一,想要差别待人,就得找到这样做的好理由,这一要求让那些想差别待人的人承担起拿出好理由的责任。这一原则蕴含了除非有好的理由不然我们要平等待人的假设。第二,它蕴含了我们必须把所有人看成同样重要和我们必须认真对待所有人的假设。因此,它在一开始就排除了"呃,我不需要考虑有没有好理由给黑人、犹太人或雅利安人发一样多的工资,因为黑人和犹太人不算在内"这样的论调。假设是所有人都须被考虑,虽然在某些具体情况下基于他们之间的差异有必要给予差别待遇。

89

如果有人不说某些人不算在内,而是说他是犹太人、有色人种、红头发的人或矮个子是不给他自由、报酬或其他什么的相关理由,该怎么办? 呃,哲学当然不能阻止有人会这么想。它所能做的就是竭力否认这些因素是差别待遇的相关理由。说服我们的责任还在那些想差别待人的人身上。我们都知道有些人想让我们相信这一点,但我们大多数人认为他们没能成功。举个最明显的也是我们提到过的例子:希特勒试图表明忽略犹太人有好的理由。可就算他,也不敢坚持主张犹太人因为是犹太人所以能被忽略。反之,他试图唤起人们对文化和身体优势的思考。但他的论证显然是错的。在缺乏有说服力的论据的情况下——甚至在论辩的一开始——如果说有些人群因为他们是犹太人、红头发的人、长头发的人或其他什么人而不被考虑,那么我们将继续坚决主张所有人都须被考虑。

和自由一样,我在这一章讨论平等的中心议题不是回答有关分配和待遇的具体问题,而是指出平等问题的研究方法。我特别想说明一个重要问题,就是要解决在任何具体情况下什么是平等待遇的问题,须求助于平等原则之外的原则。我们明白了要平等待人的理由,也明白了在具体情况下平等原则可以要求我们同等待人或差别待人,但为了证明同等待人或差别待人的需要,我们有必要拿出这么做的好理由。是不是好理由显然在某种程度上取决于它的语境:一个好理由,正如生病和医疗相关、责任和薪酬相关一样,必须与正在考虑中的问题有关联,不过仅凭这一点还不够。虽然一个人肩负的责任,而不是他头发的颜色,显然和他该拿多少工资的问题相关,但我们仍然可以质疑这是否是这个人的工资比其他人高的好理由。同样,尽管我们事实上可能不会不赞成生病是得到医疗帮助的好理由,但不仅仅因为生病和医疗相关就成了好理由。(我们可以想象一下在哪些情况下生病的人不能构成给其提供医疗服务的好理由。)在这两种情形下,也包括其他例子,我们可以根据进一步的假设,最终只能认定一个理由是好理由。我们必然可以根据某种更高层次的价值或目标来判断一个人生病或负责任的事实是否构成他得到医疗服务或高薪的好理由。我们是根据什么假设(或哪些假设)来判断的? 最终用来判断一个与讨论中的分配问题有关的理由是否是好理由的那种(或那些)价值又是什么?

延伸阅读

参见书籍:Wilson, J. , *Equality* (Hutchinson, 1966);Benn, S. I. , and Peters, R. S. ,*Social Principles and the Democratic State* (Allen & Unwin, 1959); Peters, R. S. , *Ethics and Education* (Allen & Unwin, 1966)。

第六章

功利主义

前两章关于"自由"和"平等"的讨论简明扼要。其中提到
的许多内容可以说得更多，也可以提到许多其他内容。但我
认为非常重要的内容已经解释清楚：在自由和平等的问题上
有一点似乎很清楚，就是存在某种——也可能是几种——判
断的依据。存在某种自由可能要受到限制的依据。事实上这
"某种"依据可能十分重要，以至于某些自由永远不得干涉。
显然要阻止人们做某些事要有好理由。同样，虽然把一些人
当成不值得考虑的对象来对待似乎令人反感，但很明显在某
些情况下差别待人原则上是有好理由的。

我们不得不面临的问题是好理由从哪里来。哪种或哪些
价值比自由更重要？哪种或哪些价值可以使公正的形式原则
更具体化？什么使一个理由成为好理由？读者可能注意到我
们已经回到了第三章谈到过的一点，即道德领域的问题出在
有关"什么才算是道德理由"的分歧上。本章的想法是：有一
种考虑可以判断一个理由本质上是否是道德理由，并且这种
考虑在某些情况下是一个限制自由、差别待人的好理由。这
种考虑就是促进幸福的实用主义观点。幸福是唯一的终极价
值。每件事都是以幸福为依据来判断好坏的。与幸福相关的
理由是道德理由。出于幸福的考虑提供了理由，也是唯一正
当的理由，以限制自由或差别待人。公平的形式原则（或者又

叫作公正原则、平等原则)的内容要靠幸福原则来扩充。这是我的论点。

到目前为止我提到过"功利主义者",好像任何一个功利主义者的理论都是一样的。实际情况不是这样的。首先要分清的是"理想功利主义者"和"享乐功利主义者"的区别。前者虽然认为行为的对错由结果决定,但他们不认为幸福是唯一的终极价值,也不是我们这里关心的对象。但即便是享乐功利主义者,也要做一下区分。

比如,杰里米·边沁认为"幸福"是由体验到的快乐数量来衡量的东西。一个人体验到快乐就是幸福的,体验到痛苦就是不幸福的,而对于不同种类或不同质量的快乐则不做区分。许多因素,如某种快乐体验的强度和长度,在计算数量时要被考虑在内,但边沁坚持认为一种体验因为它的优越性可以被看作更令人愉悦的体验。因此,他的名言是"只要快乐的数量相等,针戏与诗一样好"。

边沁的理论缺乏回旋余地,这点让他的支持者比较难堪。说回避痛苦、促进幸福是最重要的是一回事,而说因为不同质量的快乐不做区分所以充斥着宾果游戏、性爱、流行音乐(用现代的话来说)的生活原则上是有价值的生活则是另一回事。因此,约翰·斯图亚特·穆勒提出区分各种快乐质量的想法,他所说的现在流行的名言是"宁做一个不满足的苏格拉底,也不做一个满足的傻瓜",这话常被用来平衡边沁的针戏说。

穆勒试图引进快乐质量的想法如果成功的话,很可能会比边沁的功利主义获得更广泛的影响(至少在那部分自认为有教养的人中)。但他的想法没有成功,如此明显的不成功使得许多人怀疑穆勒是否真的尝试过这种想法。穆勒的问题在于:如果幸福是好坏的唯一标准,那么很难看出他将怎样判断一种快乐的质量比另一种好。说从诗歌中得到的快乐优于从针戏中得到的快乐,哪怕快乐的数量相等,就相当于说有比幸福更宝贵的东西。除了通过数量(就是像边沁想做的那样,越多越好)或通过引进新的标准之外,我们应该怎样判断快乐的质量?这个问题动摇了功利主义的根本,即快乐或幸福最重要。穆勒辩称那些体验过各种快乐的人们认为好的快乐质量更优。他接着声明那些同时体验过所谓动物快感(如性爱、吃喝)和高级能力所带来的乐趣(如阅读、诗歌)的人更喜欢后者。这样的论辩不太有说服力。是否所有有能力体验穆勒所谓的"低级"和"高级"快乐的人都认为后者更有优势? 不管怎样,我们完全不清楚是否所有人都认为"高级"快乐对于他们个人来说更令人愉快。无法回避的问题是如果我说从读诗中得到的快乐没有从听流行音乐中得到的多,但前者是质量更高的快乐,我的意思就是有比快乐更重要(更宝贵)的东西。这是功利主义者前后矛盾的地方。

93

换句话说,最后的结论必定是要么穆勒所谓的质量更优的快乐事实上能给予更多更深的快乐,要么他不是个坚定的享乐功利主义者。例如,我们可以说人们从欣赏诗歌中得到的快乐事实上比从吃喝中得到的多,所以欣赏诗歌所得快乐的质量就比吃喝所得快乐的高。但"质量更高"这种用法不会显出两种快乐间质的差异:我们说诗歌带来的快乐"质量更高",只是想说它让人更加愉快。另一方面,如果我们说欣赏诗歌得到的快乐本身是种比吃喝得到的快乐更好的快乐,我们就不再是以享乐功利主义者的身份说话了。

因此,我将站在边沁的立场上说假设快乐的数量相等,那么没有什么快乐本身可以被看作比其他的快乐更宝贵、更值得或质量更优。如果我听流行音乐获得的快乐和听古典音乐获得的快乐一样多,两种快乐本身就没有高下之分。当然,边沁并不只是说一个人只要在他做的任何事中得到巨大快乐就万事大吉,他的伦理理论的核心是功利原则或最大幸福原则,我们现在就需要解释一下。

边沁主张的前提是:"自然将人置于乐和苦两大主宰之下,由此决定我们应当做什么,将会做什么。"[①]但我们并不是过着与世隔绝的生活。边沁坚持公正分配原则,它的理想状态是每个人的幸福都应该是同等重要的。此外,因为他认为快乐是件好事,所以自然希望世界上的快乐尽量多一些,痛苦尽量少一些。功利原则因此成了功利主义理论的基础,因为它的含义是:"这个原则赞成或反对任何一项行为的依据是该行为是否具有增加或者减少(促进或者妨碍)相关利益群体幸福的倾向。"②"利益相关群体"指的是受到直接或间接影响的任何人或所有人,认识到这一点非常重要。因此,边沁认为有些做法如囚禁罪犯是否道德的问题,要考虑这种做法是否具有促进或者妨碍相关利益群体幸福的倾向,在这里相关利益群体包括所有社会成员。

现在我们必须谈谈"幸福"这个概念,因为如果我们连"幸福"是什么都不知道,就无法着手评价这一理论。对我们大多数人来说,"幸福"是个既抽象又诱人的概念,说幸福至高无上听起来很不错,但当我们想对这个术语做更精确的描述时,功利主义理论的支持率会下降。例如,有人可能会说幸福是一种与狂喜、快乐这类术语相关的特异情感,这样一来似乎就不能确定这种情感是否真是至高无上的道德考量。相反,如果我们把"幸福"和"知足"联系在一起,有些人会觉得这个目标既无特色又无价值。

从策略上看,功利主义者最大的问题很可能是他们选了"愉快"和"幸福"这类术语作为他们理论的关键,因为这些概念比较晦涩,哲学家们会很乐意花上好几个小时对它们进行重新定义。不过,此刻如果认为功利主义的可接受性完全取决于他们是否理解了"幸福"的真正含义,甚至认为讨论这一概念的真正含义有意义,那就大错特错了。显然我们现在需要的是有关功利主义者事实上如何理解"幸福"这个概念或者符合他们理论的幸福是什么的描述,这样我们才能理解该理论。这点没有什么大问题。

边沁写道:"幸福由享受乐趣和避免痛苦构成。"③显然这并不意味着可把快乐和幸福混为一谈,或者说它们是一回事,这样就真的难以置信了。我们当然能说一个人虽然正快活着但他并不幸福,另一方面我们却很难说生活中没有乐趣的人会幸福。边沁的理论考虑到了这些方面,它的确有幸福就是趋乐避苦的意思:幸福源于欲望得到满足或快乐得到体验的感受。

不过,我们也要注意所有关于幸福的讨论都有被如下事实弄得更加复杂的风险:虽然我们说得好像人们要么完全幸福要么完全不幸福那样,但事实上幸福有个程度问题,我们说一个人幸福通常意味着他相对或通常是快乐的。所以边沁的话可以被理解成幸福的下限是感到痛苦,上限是体会到生活的乐趣。显然事实上某些快乐对幸福来说更为重要,因为它们对人们来说意味着更多。由于边沁没有区分不同质量的快乐,他也无法区分不同质量的幸福。但他至少坚信,如果一个人在生活的各个方面都得到快乐,那无论使他快乐的事情本质是什么,他都是个幸福的人。虽然我们会反对某个人寻求快乐的方法,但根据这一观点,我们不能只因为我们不认可给他带来快乐的那些事情而否认他是幸福的。

我必须要强调的是这种幸福观对我们来说是否有说服力并不是这里要考虑的重要问题,重要的是边沁提到幸福的时候他是什么意思。我们要讨论的是这种方式理解下的幸福问题;我们要补充的是这一幸福的概念和我们都会认可的观点不谋而合,即有许多概念逻辑上和快乐格格不入,例如:焦虑、懊恼、失望、抑郁、内疚、不安、疏离、失范和妒忌。这些术语逻辑上与快乐格格不入,意思是说一个人"既焦虑又快乐""既妒忌又快乐"等毫无意义。当然,如果我们的意思是一个人通常是快乐的,但某件事使他焦虑或这一刻他正感到焦虑,那么说他"快乐但是焦虑"是有意义的。但一般情况下是快乐的和一般情况下是焦虑的,或者在某件事上感到快乐但在同一件事上同时感到焦虑是不可能的。

因此,我们可以说边沁之类的功利主义者的目标是所有人都被彻底满足或只体验到快乐的理想社会。这个理想不偏向任何一种形式的快乐,除非所有人都说某种形式的快乐比其他形式的多。这表明功利主义面临怎么量化快乐的问题,接下去我们将加以讨论。但我们要牢记的是在对快乐进行量化测评时,功利主义者不仅会考虑行为主体得到的快乐,还会考虑他的行为可能给其他人带来的快乐或痛苦。尤其在接受公正分配原则时,功利主义者坚信任何人都有要求幸福的权利,这一点不容我们忽视。

当讨论行为问题时,边沁提到行为促进快乐或痛苦的"倾向"。④这把我们带到功利主义者的另一个重要区别上,他们有的被叫作行为功利主义者,有的被叫作规则功利主义者。对于边沁究竟属于哪一种,哲学家们还有争议。不过就我们的目的来看,这可能并不重要。两种功利主义者的区别是:行为功利主义者认为一举一动都要按照功利主义原则来评判;而规则功利主义者认为在评判个人行为时,我们要参照功利主义原则来考虑通常情况下这一种行为是否可取。如果在通常情况下该行为看起来不可取,那就不可以这么做,哪怕它在某些情况下会促进快乐。在一个并不完美的世界里,两种理论的实际差别可能相当大。例如,一个规则功利主义者会说虽然我们能设想出杀掉一个政客会比做其他任何事都更有益于民众幸福的情景,但我们最好采纳政客不该杀的一般规则,理由是这条规则比某种没有类似规则的情景更有益于民众幸福。而一个行为功利主义者会根据每一个杀掉特定政客的提案本身的利弊作出评判。

毋庸置疑,从功利主义原则来看,规则功利主义比行为功利主义更好。也就是说,让社会采纳各种道德规则(参照功利主义原则)比让个人自行根据每一个情景的利弊作出评判更有益于民众幸福。假如我们选择的是行为功利主义,提出在杀人问题上人们应该有所节制,只有有益于民众幸福的时候才动杀机,那么我们得面对如下后果:事实上有些人会杀人,要么因为他们确实但是错误地以为杀某个人会促进快乐,要么因为他们心肠歹毒觉得即使杀某个人不对也可以装出确实认为杀人有理的样子来逃脱。这样的话,有些人就会忍不住为他们的即时冲动找理由(例如,出于妒忌我杀了妻子的情人,并安慰自己说如果让他活着他还会去祸害别的家庭,而且我能让妻子将来更幸福);残忍的人仅凭他们是否能说服陪审团他们是诚心促进幸福这一点,就会忍不住算计是否要把那些挡道的人都杀光。这可能增加的实际杀人数,以及我们是能过完这一天还是会被误导了的个人错杀的不确定性增加的事实,都会导致整体幸福感比采纳禁止杀人的规则带来的幸福感低得多的后果。

另外,规则功利主义不像行为功利主义那样容易遭到反对,行为功利主义会导致以下结果——某些我们很难接受的行为有可能或已经被证明是合理的。假如我破门而入被警察抓了现行,我便向警察行贿。我向他行贿及他受贿会比这种情况下其他任何行为带来的快乐要多是可以理解的,条件是其他人对此一无所知(一旦有人听到什么风声,那警察的快乐就不太可能比拒绝贿赂带来的快乐更多了,因为这会影响民众对警察部门的信心并降低他们对自身财物安全的期望)。但假如无人知晓此事,其他民众的快乐程度自然和以前一样不多也不少,而我因免罪而快乐,警察因有钱而快乐,这样一来行为功利主义者就不得不下结论说警察受贿是对的。不过规则功利主义者就不会被迫得出这样的结论,因为他们认为证明行贿受贿合理对于民众幸福无益,所以应该制定"永不贿赂"的规则。

我必须补充的是,规则功利主义无须只接受全盘否定或支持某种行为的规则,可对规则附加具体条件。这样一个规则功利主义者如果觉得杀人有时是正当的,就用不着接受"永不杀人"的规则。比如,他的规则可以改为"永不杀人,自卫除外"。

我们有时会说这些附加条件毁了规则功利主义,因为它使规则功利主义滑向了行为功利主义一方。这么想的理由是,如果要给规则附加条件,就必须附加出于快乐方面考虑的条件。因此,如果把"永不杀人"的规则改写成"永不杀人,自卫除外"的话,就必须是因为有理由表明从快乐方面考虑能证明自卫杀人是正当的。这样得出的结论等于是"永不杀人,除非这么做比不这么做能带来更多的快乐",这显然等于是在提倡行为功利主义。

但上述结论不对,上述论辩没有注意到行为功利主义和规则功利主义之间的关键性差异。因为说"采纳我们该在某种情况下用尽量促进快乐的方式行事的规

97

则”和说“采纳那些如果我们采纳就能尽量促进快乐的规则”显然不同。因此,“永
不杀人,自卫除外”和“永不杀人,除非这么做比不这么做能带来更多的快乐”也不
同。后者要求每个人根据每件事的利弊自行作出判断,所以有时杀人,无论是否
是自卫,可能是合理的,而有时杀人是不合理的。但前者不需要根据每件事的利
弊作出判断,只需要根据规则的利弊作出判断。如果全面考虑之后认为某条规则
是好的,那就应该永远遵守。认为“永不杀人,自卫除外”的规则功利主义者会这
么做,因为总的来说社会上有这么一条明确的规则比没有更有益于民众幸福,虽
然在某些特定场合非自卫杀人或仅自卫而不杀人可能带来更多的快乐。行为功利
主义和规则功利主义间的差异不可抹杀,而且如前所述,似乎更有理由选择后者。

规则功利主义认为,如果和这种情况下任何其他行为方式相比,一般行为规
则能带来更多的快乐且已经被人们采纳,理论上说我们就应该永远这么做。实际
上,这只会导致我们采纳看起来对社会幸福来说必不可少的有限数量的道德规
则。这是因为从快乐层面来看,在多种行为方式中常常没有选择余地,我们可能
会争论——增加只是有可能需要的规则本身会减少幸福。

现在我将讨论针对这一简单易懂的伦理理论的九条常见反对意见。在我看
来没有一条意见能毁了这个理论,但读者可能不这么想。

1. 有些人对功利主义的反应是恐惧。它看起来简单而且庸俗。如果承认组
织社会和制定规则、法律、行为规范的唯一考虑是给更多的人更多的幸福,那不就
意味着原则上限制各种自由、接受庸俗文化、偶尔使用欺骗和谎言、不通过接受教
育去区分哪些行为值得做哪些不值得做而只考虑快乐的数量都是合理并且是对
的吗? 坚信功利主义难道原则上不会形成人人受制于保障幸福这一目标的极权
国家吗? 希特勒难道不能有板有眼地声称他的目标是给更多的人更多的幸福吗?

最后一个问题的答案显然是否定的,即使为了辩论我们假设在纳粹统治下大
多数德国人比以前幸福(一个非常大的甚至荒唐透顶的假设)。第一,给更多的人

更多的幸福并不意味着牺牲少数人来尽量使大多数人更幸福。理论上它指的是所有人完全幸福,实际上它指的是为尽量多的人带来尽量多的幸福。这的确引出了一个问题,即我们怎样计算什么能给尽可能多的人带来最大限度的幸福(如下所述)。但是认为因为处理掉六百万犹太人所带来的痛苦可以和非犹太人得到的额外收益相抵消,所以从功利主义角度看这么做是正当的,就荒谬至极、可恨至极了。第二,无论不同行事方式的快乐值计算有多难,功利主义骨子里的假设是任何人要求幸福的权利都不可以被取消。

至于其他几个问题的答案——我最好还是承认——原则上说是肯定的。但重点在于"原则上",也就是说,如果情况是保留某种形式的自由或弘扬高级文化带来的痛苦比限制这种自由或抛弃这种文化多得多,那么根据功利主义原则,限制这种自由与不再弘扬这种文化就是合理的。如果情况是政府在某件事上讲真话并且只讲真话带来的痛苦多于保持缄默,那它就该避免和盘托出。但我们为什么要被这些理论上的胡思乱想吓住呢?如果事实上我们都觉得电视整晚播出高雅文化内容而不是大众娱乐内容是种折磨,那为什么停播阳春白雪之类的内容会让人难以容忍呢?关键在于,我们会因为设想出来的一些危言耸听的内容而更快乐是毫无道理的。事实上看似合理的说法是,许多特定形式的自由从长远来看肯定有益于幸福,总的来说政府的欺骗行为是不利的,对琐事的教育关注(或电视内容的选择)相对来说是无益的。

最后一点难道没有试图掺杂穆勒关于有些快乐无论其程度如何都比其他的更有价值的想法吗?并没有。因为功利主义者一贯坚持的想法是,对于那些已经培养出兴趣的人来说欣赏莎士比亚带来的快乐多于玩宾果游戏。此外,他会说(虽然展开来讨论这一点的话会是件相当复杂的事)一个社会如果无法超越宾果游戏带来的乐趣、无法欣赏文学作品,那么就容易具备其他不利于幸福最大化的特征。这些思考避免了穆勒引进不同质量快乐时的矛盾的地方,而且表明我们没

100 有理由认为功利主义会导致庸俗和琐碎。

功利主义者必定会坚持的条件是：如果某项行为带来痛苦就该被制止，只要这个必须被制止的决定不会导致快乐进一步减少。

2. 有人认为功利主义作为伦理理论有点问题，因为它将重点全部放在了行为的结果上面，如果行为带来某种结果就是好的。人们的动机难道就不重要吗？亚里士多德提出，只要是人们情不自禁做的事或者是没有预料到后果做的事都不该去苛责，难道他说错了吗？我们该不该不顾孩子偷窃的原因处罚他？当然不能。亚里士多德让我们注意到人们行事的原因和动机是对的，因为他关心的是什么值得表扬什么值得责备的问题。同样，康德（我们将在第七章展开讨论）认为说这种做法道德的意思是凭责任感行事也是对的。然而，我们这里关心的不是什么值得表扬什么值得责备的问题，也不是什么做法道德什么做法谨慎的问题。我们关心的是如何评判各种行为、如何决定该做什么的问题。

功利主义者不会接受的事实是：因为你是情不自禁，因为你是凭责任感，因为你是想要其他结果，因为你的出发点是好的，所以你这么做是对的。你会接受这种说法吗？

3. 第三条反对意见和第一条相关。它认为所有关于"更多的人"的提法与个人无关，个人会为某种"大局"、某种抽象的东西、国家作出牺牲。"更多的人"当然只是抽象的，但它显然意味着更多的个人。事实是原则上有些个人在组织完善的功利主义国家得到的快乐比在其他国家得到的快乐可能少一些，这点可想而知。但这条反对意见适用于有着不同愿望、不同兴趣和不同快乐源泉的任何体系与任何社会。任何社会无论出于什么原因禁止某事，由此会激怒并且阻碍那些想这么做的人的幸福（无论这是什么事，肯定有人想这么做，不然也没必要对此加以限制）。这条反对意见同样适用于其他伦理理论，它不是针对某个理论的。

4. 下一条反对意见是评判什么能带来更多快乐的想法会造成难以克服的困

难。我们怎么计算快乐的数量？首先要记住的是，我们不只是考虑任何情况下行为主体得到的快乐。因为理想是为尽可能多的人带来尽可能多的快乐，牢记不能忽视任何一个人对于幸福的要求，我们自然必须考虑各种其他因素。要考虑的基本因素是：（1）行为主体体验到的快乐强度；（2）行为主体体验到的快乐时长；（3）行为的后续体验是快乐而不是痛苦的倾向（边沁把它叫作繁殖力，他脑海中的例子是吸毒或酗酒，它们可能会给行为主体带来一时的快乐但接下去痛苦的体验）；（4）行为带来快乐的范围，即它直接或间接地带给行为主体之外的人多少快乐。

因此，规则功利主义将以上四点考虑在内，坚信如果采纳行为规则会比不采纳行为规则带给社会更多的快乐，那它们就应该被采纳。我们还是来看前面那个较为简单的例子：虽然有些人杀人会真的体验到一定强度和时长的快乐，然而我们有理由认为禁止杀人的规则所带来的快乐范围已经大到足以证明有这条规则比没有这条规则带来的快乐更多的地步。一个随心所欲杀人的情景带来的一定范围的痛苦将多于杀手体验到的快乐，而民众的快乐也会多于被禁的准杀手体验到的一定强度的痛苦。

还有一点要补充的是：因为功利主义者关心的是尽量增加快乐减少痛苦，所以他们不能只顾眼前，还要把目光放到更长远的未来上。可想而知，在某个特定时期对人加以限制，可能会给他们带来即时的痛苦，但从长远来看却有助于快乐的增加。例如，看牙医可能会疼半个小时，但从长远来看显然比不看牙医不疼半个小时得到的快乐更多。

不可否认，这里有个问题。我提到过从功利主义的观点来看，我们"有理由认为"禁止杀人的规则是正当的。要补充的是，从长远来看，即使在某个特定时期许多人都以可以随心所欲杀人的自由为乐，禁止杀人的规则也是正当的。然而，长远是多长？事实上我们能计算各种行为可能带来的快乐吗？

101

102　　　　我们先看第一个问题,用"长远"这种模糊而又笼统的说法使实际计算显得空洞,这样功利主义者有可能会让自己陷入困境。也就是说,他能够以促进快乐为由提倡某项规则,当有人指出这一规则显然不能促进快乐时,他会回应说从长远看这也是有可能的。只要他将"长远"定得足够长,若需要他就能继续说这条规则是合理的。不过这显然非常荒唐。如果功利主义准备为目前明显会带来痛苦的规则辩护,理由是一千年后它们会促进幸福,就自然会失去作为合理、可行理论的权利。

　　　　至少"长远"必须被理解成不久的将来。这个词语本质上是用来提醒我们不能只顾行为带来的即时快乐,而不是去考虑千年万代中所有可能产生的后果这样一个不可能实现的要求。可想而知,千年之后这个世界和它的居民发生了巨大的变化,以至于每个人能从再现的丛林法则中获得更多的快乐。但我们不能考虑这样的假设。我们能做的是通过考虑一些因素来评判计划生育之类立法提案的受欢迎程度,例如假设不通过此类立法提案,未来五十年可能的人口数量,食物等资源的储藏量,以及这些因素对人们未来幸福的可能影响。功利主义提出需要将眼光放长远时,强调的是要把这一点以及采用规则后可能引起的即时痛苦或快乐考虑在内。

　　　　但实际上我们能测量吗? 我们能测量出各种行为带来的快乐的强度、时长、繁殖力和范围吗? 从某种意义上看,答案是"否定"的,因为我们无法像比较两个糖碗里糖的多少那样比较有禁止杀戮规则和没有这条规则带来的快乐数量。比如,我们无法把你在某种情况下体验到的快乐强度和其他人体验到的快乐强度进行比较,而且即便不是不可能,要想精确地测量两种快乐的时长、繁殖力和范围也是极其困难的。此外,问题是我们在没有统一计量单位的情况下又怎么将行为主体自述得到的一种快乐的强度和他得到的另一种快乐的范围进行比较呢? 无论边沁的快乐计算还可能是什么,终究是没有计算速查手册。

但这些考虑是否像有些人认为的那样能对功利主义造成毁灭性的打击？当然不能。我们必须区分两种明显不同的反对意见——在有些人看来两者都源于我们要怎样比较不同行为带来的快乐数量的问题。

第一种意见认为这事根本行不通。这显然是不对的。实际上我们不能证明一种行为规则会比另一种带来的快乐更多，并不意味着这话是不对的，也不妨碍我们做出合理的估算。正如昆顿指出的那样："进行（快乐）'计算'是要提醒我们，如果要全面评价其他可能性的话必须考虑什么。"⑤我们不能把一种快乐的强度和另一种快乐的范围进行比较，"但否认快乐和痛苦可以通过数值演算来评价并不否认我们可以用一种整体印象的方式来进行比较，也不否认这种除快乐强度外还考虑其他相关因素的比较的合理性"。⑥

也就是说，把边沁所谓的快乐计算看作计算是种误解。它更像是一个指针，指向与一条规则估计的潜在快乐相关的因素。正如斯代思所说，我们不需要字面意义上的计算：

> "我想不出为什么任何哲学家都想要一个算法……据说如果你计算不了你的行为会带来多少快乐和痛苦，就无从知晓哪些行为是好的哪些行为是不好的。但这论点很肤浅。首先，就算你不能计算快乐和痛苦的数量，这也不妨碍你知道某些快乐和痛苦要比其他的大得多。一个人不需要温度计就能知道他是正被冻死还是烫死……所以虽然无法精确计算快乐或痛苦，个体能分得清哪些是剧痛哪些是微痛，哪些是极乐哪些是小乐。"⑦

显然这事行得通。我们能根据事情带来的快乐数量进行比较，并作出多少有些合理的估算。

第二种意见认为虽然原则上能作出估算，但估算起来难度大，我们也无从知道估算结果是否正确。这些评论虽有些道理,但算不上是对功利主义的有力抨击。

这类估算有时难度大不假,而且它们最终取决于什么能带来快乐的问题,这问题的答案因人而异,最终是个主观问题。给你最大快乐的是什么不由我说,更不能把什么能给每个人带来快乐说成是铁定的事实。这点毫无疑问,但它也不能一叶障目,使我们看不到另一个事实,就是个人在判断某事能否带来快乐时有时会出错。因此,追求快乐不只是一个做你想做的事的问题。此外,虽然个人必然是他能否从某件事中得到过快乐的最终裁判,但这并不意味着对他人进行预测是不合理的。根据我们对人和情景的认知有可能找到一些重要且合情合理的规律。因此,虽然只有你知道自己的财物失窃时会有多痛苦或者知道自己在偷窃不算违法的情境下有多抓狂,虽然也没有人能确切证明宣布偷窃犯法会减少失窃率,但从功利主义的角度不难预测,禁止偷窃的规则是合理的,而不这样做是不合理的。

同样,严格说来我们无法知道什么会带来最大的快乐。要"知道"就必须对每件事产生的结果都做出精确的估计。这是我们做不到的。在做之前我们永远无法确定这么做是对是错,就算做了也不能完全确定,因为如果我们选择了某种行为就无从知道如果我们选了其他行为结果又会怎样。正如我们已经知道的那样,假装我们不"知道"(从严格意义上说)什么会带来最大快乐,从而得出结论,即估算什么会带来最大快乐就像在黑暗中随意捅刀子,这是不合情理的。虽然从功利主义的角度看,有许多具体的道德问题难以解决,但同样也有不少是容易解决的。

然而,反驳这些反对意见的真正理由是,它们实际上都没有针对功利主义本身,因为强调理论应用起来的难度与证明理论有误或不合理完全不是一回事。有些哲学家似乎误认为功利主义是设计出来给每个具体的道德问题提供明确、准确答案的。对此他们得出结论:因为功利主义无法做到这些,它失败了,所以要被抛弃。但功利主义不是"发明"出来做事的,它是用来记述道德领域所涉内容的,它的出现是因为有人认为用这种方式解释道德问题是理由充分的。功利主义旨在列出合乎道德的规则需要具备的条件：至于我们在这些条件下多久且能有多大把握确定一条规则是否合乎道德则完全是另一个问题。

当然，如果有人提出的伦理理论一点都不能帮助我们在各种行为中作出取舍，那就算它可能触及了事实真相也没有多大用处。直觉主义就是一个例子，不过功利主义不是。因此，结论是：(1)功利主义在应用上的难度与它的效度问题无关；(2)有些问题在功利主义理论指导下不难解决；(3)有些就是需要，这不足为奇。道德问题确实不好对付。

5. 有意思的是，另一条反对意见和上面那条互相矛盾。它认为如果我们接受功利主义的话，那什么事都会变得枯燥无味：我们该做什么原则上不再有问题。"不再有伦理这门学科。"显然，这一反对意见有点奇特。毕竟我们研究伦理不只是出于学术上的兴趣。无论什么原因，这一反对意见都站不住脚，就像上述回答那样。功利主义给我们提供了明确的工作原则，它告诉我们如何着手评价具体情景下的具体行为，即考虑潜在快乐；它打破了认为一切无从知晓的僵局，或认为各种道德原则一样重要，如果在应用中发生冲突就无法取舍的僵局。但它也没有使具体问题的回答变得多么容易，这点我们在讨论第三部分的时候会有所体会。

6. 下一条反对意见是第四条意见的延续。我们不但不知道具体情景下做什么最好(即带来的快乐最多)，而且行事前为了确定该做什么所需要进行的那种计算难度很大，有时甚至不可能完成。

穆勒正是考虑到这一反对意见才感叹道，除非"在全民愚昧的状态下"⑧，不然伦理理论是行不通的。再说一遍，我们有必要知道个体在做每一件事之前当然无法进行计算，计算当然有难度，也许我们经常无从知晓计算结果是否正确。然而这些都和功利主义是否正确的问题毫无关系。正如穆勒说的那样，那些笃信基督教伦理的人不会妄想在做每件事之前都在脑子里过一遍《圣经》中的内容。我们的许多行为是习惯性的,是靠长期以来烙印在脑子里的价值判断影响下做出的反应。功利主义者,尤其是规则功利主义者,断然不会提倡一个要等到成功计算出每个人的精确快乐值后才行事的社会。他们坚信面对一条具体的规则或一个我们是否该以某种方式行事的问题,要考虑的是这条规则或这种行为和其他规则或行为相比是否更能促进快乐。除了本段着重讨论的内容外,通常情况下要回答这个问题不难。不管怎么说,你是准备承认禁止杀人规则更能促进快乐,还是没有这条规则更能促进快乐呢?

7. 但也有人会说,萝卜青菜各有所爱。为更多人谋求更大幸福的想法涉及为获得幸福人们需要什么的大规模假设,这就有可能得出某条规则或习俗更适合民众而实际上则不然的假设。因为萝卜青菜各有所爱的格言显然有些道理,所以我们得加以考虑。这个问题的解决方法很简单:给那些喜欢萝卜的人萝卜。我的意思是功利主义不要求整体上步调一致,事实上它希望确保各类少数人的利益,只要这些利益不会给大多数人大幅度地增加痛苦。因此,一个功利主义者不会因为喜欢流行音乐的人比喜欢古典音乐的多,就认为我们应该只推广流行音乐。相反,他会说因为有人喜欢这种音乐有人喜欢那种音乐,也因为没有狂热分子会振振有词地说古典音乐给他带来的痛苦远胜于给别人带来的快乐(反之亦然),为更多人谋求更大幸福的结果是两种音乐在社会上并存。另一方面,他会说虽然少数人杀人会获得快乐,但这些快乐与制定禁止杀人的法律带来的快乐相比无足轻重。为更多人谋求更大幸福的目的只会给那些不禁止就会造成更多痛苦的行为带来限制。它不会试图压制所有少数人的利益。

8. 还有个奇特想法,它不见得是反对意见,但因为有人把它当作反对意见,所以还是要提一下。教育哲学家迪尔登把快乐作为教育的目标,认为虽然这目标很重要,但不能作为首要或最高目标,因为其他价值如自主和它格格不入。⑨显然这个反对意见毫无道理。他以假定正确的论点得出结论,说有什么同等重要的其他价值。那正是功利主义者否认的论点并已给出理由。（有关快乐是最高目标的论证见下文，有关自主的论证见第八章。）不过，这倒是个看功利主义者在陷入困境时会怎么说的好时机。假如一个人面临着从烈火熊熊的建筑中救出科学家还是他父亲的选择，[10]我们的设定是：（1）两人中只有一人能获救；（2）科学家正在搞一项研究，比如研制一种能自动中和所有核弹头的装置，众所周知这肯定能给人类带来巨大的幸福；（3）那位父亲是个相当没用的家伙。从功利主义的角度看，答案难道还不清楚吗？当事人该救科学家而不是他父亲，因为科学家从事的工作给人类带来的快乐显然远胜于他父亲得救后这对父子体会到的快乐。但我们难道认为他如果必须做这个选择，选择救他父亲而不是科学家是错的吗？这难道不能说明功利主义有问题吗？

我不这么认为。功利主义者可以从以下两个方面作出回应：

（1）他可以说从功利主义的角度看救科学家是对的，接下去他可以说虽然许多人觉得该救他父亲，但他们错了。也就是说，他会说仅仅指出有些人的价值观与功利主义论点不同的事实证明不了什么。我们倾向于救他父亲的想法是种情绪反应，它和我们究竟该怎么做没有关系。他还可以这样来加强他的论点，即指出我们不能一会儿用功利主义观点证明行为的合理性，一会儿又不这么做，不然会前后矛盾。只有那些从未试过用幸福原则证明行为合理性的人，才有理由继续站在这个立场论辩下去。

（2）但他也可以从功利主义的角度辩称该救他父亲。为什么？因为他有理由认为总的来说孝顺或对家庭忠诚对人们的幸福至关重要，所以儿子必须体恤父亲并严格照办的一般假设合情合理。他的结论是人们这么做比不这么做更好（就是带来更多快乐），即使这意味着在某些特殊情况下这种亲情关系的后果是：行为本身带来的快乐不一定比其他有可能采取的行为带来的快乐更多。

这个例子表明功利主义没有问题。

9. 没有其他价值高于快乐这种说法，唯一的例外是真相。我现在已经说明，如果说到"真相"，我们指的是说真话，那么可想而知在某些特定场合，幸福原则会证明我们不讲真话反而有理。作为反驳，我们有理由提出，对于一个规则功利主义者来说，认为我们应该接受不准说谎的道德规则有好理由。这只是说从长远来看，坚信我们遵守这条规则有利于为更多人谋求更大幸福似乎合情合理。

但这就够了吗？无论有利于真相的规则是否促进幸福，我们难道不看重真相吗？显然写这样一本书的人，就算他明确宣布自己支持功利主义，也会看重真相，因为正是相信自己要说的内容能接近真相才给了他这么做的动力。我们选择做一个功利主义者，不只是因为功利主义关注幸福问题，还因为我们相信应该关注幸福这一点是对的。这难道不意味着我们看重幸福之外也看重真相，因此幸福不是唯一的最高价值吗？

依我看这是最有趣的反对意见。我的回答是我们必须分清说真话和追求真相的区别。前者我已经说过了。追求真相，顾名思义是哲学家认定要维护的价值。所以如果在某种场合下，基于幸福的缘故我们要阻止人们追求真相，没有哪个哲学家也没有哪个功利主义哲学家会接受这一点。我只能说（而且我强调一下，我认为这是一种相当无力的说法），我想不出会有什么场合能说限制人们追求真相本身会有利于更多人的长期幸福是合乎情理的。（我能想出参照功利主义原则需要限制某些研究的场合，但那是两码事。）这时候我只能说忠于真理要求我们只能在确保求真的基础上遵行功利主义原则，因此即便是理想的功利主义状态，也要欢迎并鼓励人们对功利主义的效度作进一步的探讨。只要我们相信该理论合理，我们就该照此行事，因为如果它合理，那显然不会错，所以实际上真相和幸福两种价值间没有冲突。

以上就是针对功利主义但没能动摇它的若干反对意见。不过，我们仍然要问：有什么理由接受这一伦理理论？我们应该关注如何促进幸福的问题吗？

我们再来回顾一下要点：我是说在面临下面任何一个具体问题时——我们该允许哪种行为，社会需要哪种规则，哪种做法该遭到反对，哪种事情该留给个人定夺，人们该有哪种自由，在哪些方面人们该被同等对待——解决的方法很简单，就是要弄清楚哪种行为方式带来的痛苦最少。我们不用弄清楚"什么是可以接受的做法"；不用弄清楚牧师或校长那样的行家里手认为我们该做什么；不用弄清楚动物世界的做法然后加以效仿；也不用自暴自弃说无人能知、无人能晓。

109

我希望至少有些读者会自问："这是哲学吗？它似乎更像是常识。"如果是的话，那真是谢天谢地！一点点常识也许正是我们所需要的。

不过这是真的吗？有没有理由表明这就是我们该进行下去的方向？

穆勒给出了"证据"，虽然他说得很小心（简短得多），也就是我在第二、三章中讨论的内容——"证据"这个词的广义用法。原文如下：

> "证明一物是可见的唯一证据，就是人们的确看见了它。声音的唯一证据是人们听得见。我们的其他体验皆是如此。同样，据我了解，大家想要东西的唯一证据是人们的确想要。如果功利主义学说提出的目标在理论和实践中没有被当成目标，就没什么能说服任何人那是目标。除了每个人（但凡他相信这是做得到的话）都想要自己幸福外，没别的理由可以表明民众幸福是大家想要的。"[①]

穆勒说以上考虑是"证明快乐是好事的所有可能要求的证据"。然后他接着说这是唯一的终极好事，因为人们不但想要幸福，而且最后分析的结果是"他们没有其他想要的东西"。（穆勒会说当人们认为是为了别的目标，如美德行事时，实际上发生的是他觉得需要这么去做，他不会为他的行为感到不快。）

这个观点受到了几方面的严厉批评：有人认为人们不只追求快乐；其他人认为即便如此也并不意味着民众幸福是好事。最有力的反对意见是针对论辩开头部分内容的：穆勒没能认识到"可见"只能意味着"看得见"；"大家想要的"既有"大家要得到的"之义，又有"大家该要的"之义。的确，如果人们想要什么东西就说明它是要得到的，但就此推断说因为人们想要所以它就是该要的并不合逻辑，毛病出在从"是不是"推出"该不该"的问题上。

我的观点是这些批评大错特错，穆勒要说的不过是只要我们仔细思考一下并且弄明白功利主义到底在说什么，就会知道我们在快乐是终极好事这一点上的看法其实是一致的。看法一致并不能证明我们就是对的，但如果我们看法一致并且还一致认为终极道德原则无法做到在传统意义上的无可争辩，那我们继续纠结其他目标——那些我们实际上没有当作目标的目标——有可能是道德上的理想目标似乎就说不通了。它们有可能是——但我们又有什么理由假设它们是或者想说它们是呢？

不过我想留待读者自己去思考穆勒的话及其反对意见。这里接下去要讨论的是为什么功利主义观点是合理的，我认为有四个相当充分的理由。

1. 我们从事道德哲学研究就是要探讨人们该如何行事以及他们该如何被对待的问题。其实我们问的是"人们该如何被对待"是什么意思以及我们怎样着手回答这个问题。显然我们非常重视人们该如何被对待这个问题。如果没有一点痛苦是什么的概念以及有关人们受苦非同小可的认识，那我们怎样才能认真对待"我该如何对待他人"的问题呢？如果没有痛苦（无论哪一种）这种事或者一致认为人们受苦与否无关紧要，那操心人们该如何行事又有什么意义呢？一个不知痛苦为何物的人——也许是个来自火星的人——他难道不会缺少我们所谓的道德情操？道德情操不就是关心他人痛苦吗？道德规范也许在哪些痛苦相对更重要的问题上差异很大，但声称毫不关心他人痛苦的道德规范就根本算不上是道德规范。

2. 有关个人是否必然追求自己幸福的争论已经持续很长时间了,正如穆勒所说,如果是这样的话,在何种意义上他必然会这么做。这里我就不展开来讨论了。但有一点是清楚的,即难以想象一个人想要终极痛苦。("终极"一词是关键,因为没人会否定个人经常选择在短期内或在特定场合下承受痛苦,也没人会否定他们经常会错误地选择带给自己痛苦的行为方式。)

人们想要终极痛苦的例子包括有着极端宗教信仰的人或罪孽深重的人。信教的人可能选择承受各种让他终身痛苦的体验,但他这么做是因为坚信最终在天堂他会少受痛苦。罪人这么做是相信他必须惩罚自己多受些痛苦来为他感到内疚的事赎罪,因为如果他不做些事来弥补的话就感觉活不下去。如果他要无视自己的罪行,就会比想方设法弥补罪行痛苦得多,他是这么觉得的。

如果我们认为终极幸福,即没有焦虑、抑郁、疏离等,对于大多数人来说或许对于所有人来说至关重要,而且鉴于我们想要,那么假设我们还没有承诺要遵守某些道德原则或妨碍我们行为的原则(因为我们目前正在讨论道德原则的问题,这么想也合情合理;如果我们已经承诺遵守各种原则,再讨论就没有多大意义了),又有什么好理由能说明我们不该为之奋斗呢?当然没有好理由。但如果没有好理由,那为什么我不该因为我想要而追求自己的终极幸福呢?又有什么好理由说明其他想要的人不该追求他们的终极幸福呢?也就是说,又有什么好理由说明在幸福问题上我们要把人分成三六九等呢?我们已经确定这个问题的答案是"否定的",因为如果说不准某些人追求幸福无关紧要就等于说某些人不被考虑在内。因此,我们得出结论:我们都想要幸福,原则上也没有好理由表明我们为什么不该都幸福。

3. 现在考虑那些用来说明平等或公正的待遇意味着什么的例子。公正要求我们给予病人而不是健康人更多的医疗服务,给予成人而不是孩子更多的粮食,给予穷人而不是富人更多的税收减免优惠,给予生理有缺陷或精神不正常的孩子

111

特殊教育。这些例子的含义是什么？当我们说它们公正到底意味着什么？我们是说每个事例都有差别对待的好理由。每个事例中这些理由是什么很清楚（疾病、体形、贫困和残疾），这些理由是相关的也很清楚。生病对于药物分配来说是相关的，而体形则不然。体形与食物的分配相关，财富则不然。以此类推。但为什么这些理由是好理由？假设我们想让痛苦最小化，它们只能是好理由。不然，如果痛苦无关紧要或毫不相关，那我们为什么要费心思去给病人药物？如果我们不给，他们只是生病。这有什么关系呢？他们只是受苦罢了。

4. 有关自由的论辩也是这样。将一种我们大多数人赞成加以限制的自由和一种我们不愿加以限制的自由进行比较：为什么我们限制杀人的自由，但无论我们对宾果游戏的态度如何却不限制玩宾果游戏的自由？因为没有特殊理由能说服我们——如果禁止杀人痛苦会多一些。而无论我们认为宾果游戏多么微不足道，我们都会进行一些劝说，从长远来看禁止宾果游戏比不禁止宾果游戏的痛苦会少些。

也就是说，第四、五章结尾部分悬而未决的问题（"我们根据什么合理限制自由？""我们根据什么确定一个理由是差别对待的好理由？"）的答案是同一个：根据幸福。算得上道德理由的理由和算得上道德领域好理由的理由是幸福——一个与痛苦最小化这个终极目的的息息相关的理由。道德禁令或规定必须有道德理由的支持。我们致力于做一个有道德的人，一个遵守有道德理由支持的道德禁令的人，一个为更多人谋求更大幸福的人。我们不能"证明"幸福是终极目标，不过揭示了我们在交流道德问题的方式中隐含的幸福至关重要的假设，并提出了接受及奉行这个假设的好理由。

任何个人还是可以说他没有促进幸福或支持这类行为的意向，说他宁可推崇其他价值如自由而不惜以幸福为代价。但如果他采取这个立场并且想证明他是对的，那我们希望他不要自相矛盾。这就意味着他不能只因为什么事促进幸福就表示赞成。显然他不能始终如一地坚持，一方面说自由不该从属于幸福，而另一方面说人们不该有杀人的自由，因为那样会大大增加他人的痛苦。他得拿出其他理由来限制杀人的自由，要不然就只能提出人们该有杀人的自由。另外，他还有责任拿出好理由来说明为什么选择忽略每个人都想要自己幸福的事实。

我所说的一切并不意味着不同的社会有不同的道德规范或者本就不该有道德规范是什么怪事，因为合理的观点并不意味着人们都已经明白这一点。也许我还应该加上一句，即我坚持认为合理的观点并不意味着它就是合理的！无论是哪种情况，不同社会不同场合在同样的原则指导下需要不同的做法。事实上，我们甚至可以说许多所谓的社会道德规则不是真正的道德规则：它们只是普遍采用后得到认可的行为规范。我觉得所有性道德就是这种情况。比如，一夫一妻制或婚前守贞本身无所谓道德或不道德，道德上需要的是这个重要领域内某种程度的统一和稳定。也就是说，在社会生活中终极幸福需要坚定不移的性态度——这样人们就不会为他人的荒唐行为感到不安或震惊，就不会突然冒出无人照料的孩子，就不会遭到遗弃为社会所不容——可是那种态度是什么？广义上说不是个道德问题，不同社会可以顺理成章地采取不同的态度。更进一步看，对于"没结婚的人该睡一起吗？"这个具体问题，我会回答，毫无疑问这本身没什么不道德，但考虑到生下不需要的孩子或者在那些正好会感到难过的人面前炫耀这种生活方式，它就是不道德的。

功利主义伦理观也没有说人们应该只以他们想要的东西为目标并得到它。理论上说可能是这样，但实际上当然不是。道德是用来规范人们生活的，它的产生恰恰是因为人们不会自发地去考虑他人的幸福。整个研究的目的是寻找我们认为可以真正衡量对错的公式或理论，并以此成为判断社会所需组织和规则的标杆。因此，虽然功利主义的论点之一是基于"人们争取自己想要的东西合情合理"

的想法,可一旦功利主义被接受,它紧接着要做的就是规范每个人的实际需要,以便能充分发挥关心每个人需要这一最高目标的优势。

最后一点可以被推广到教育领域,形成一个同样重要的普遍观点。笃信功利主义并不意味着笃信每个人可恣意追求自己快乐的理想,因此,它并不能推出"把孩子们的意愿作为该做什么的终极标准"这样的教育观点。如果对于一个社会而言,重要的是要按照给更多人谋求更大幸福的原则来组织,那么在教育领域重要的也是达到这个目的。我们严重怀疑,将教育原则说成"让孩子做他们想做的"是有悖于这个目的的。

最后还要谈论一个关于自由的问题。如果我们承认幸福比自由重要,我们就该继续跟着穆勒思考下去,区分那种有时会被限制的行为和那种永远不会被限制的行为。穆勒是从两方面进行区分的:一是将行为和思想分离开来,认为思想自由不该被限制。(言论自由的问题占据着行为和思想之间的位置,它既是思想的重要组成部分,又像是行为,因为公开表态可以行事。)二是把行为一分为二,即涉及他人的行为(那些侵犯到他人的行为)和涉及自身的行为(那些不侵犯到他人的行为),同理,后面这种行为不该被限制。

把行为分成两种的做法受到了批评,因为事实上任何行为都可以被看成是涉及他人的行为,至少会间接地妨碍到他人。因此,穆勒所提的在自己家喝醉是涉及自身的行为的说法值得商榷,因为即使他未婚并且没有直接影响到他人,但一个人醉倒在自己家中的事实本身必然会对他人造成间接影响,因为这意味着他不在做其他或许该做的事。

依我看,这样论证逻辑上没有问题,但有意思的是过分拘泥于逻辑会使人看不到论辩的实质。如果我们真的打算顺着这条逻辑思路刨根究底,我们就不得不得出结论:睡过头或洗澡时间过长都是涉及他人的行为,因为"他不在做其他或许该做的事"。尽管严格地说这是对的,但是穆勒把行为分成直接影响他人的行为,以及间接影响他人或只是因为"他不在做其他或许该做的事"而影响他人的行为，无疑也是对的。因此，我倾向于认为纯粹涉及自身的行为这种提法严格说来算是用词不当，但是直接影响他人的行为和非直接影响他人的行为之间的差别巨大。显然有必要将值班时喝醉和在自己家喝醉区分开来。被穆勒称作涉及自身的行为无疑不适合被加以限制。

但在本章结尾部分说即使为了幸福，也不得干预有些自由，不是和功利主义完全背道而驰了吗？这显然和任何形式的行为功利主义背道而驰，但对于规则功利主义来说则不然。因为这里的论点是思想自由和行为自由，在不直接影响他人、从长远来看有利于并且增加人类幸福的情况下，我们必须用规则来确保这种自由。如果我们没有规则，如果我们只是说只要人们的思想不会妨碍幸福他们就有思想的自由——虽然我们有权压制自己的某些确实邪恶的思想，那么我们失去的比得到的更多。时刻担心受到压制算不上真正自由，生活在永远不知道明天是否还能拥有今天这些自由的社会中的人们不会感到多么幸福。那么制定一条固定的规则，内容是思想该自由，还有某些被穆勒称作涉及自身但实际上还需要精确界定的行为也该自由，其实这样从长远看我们得到的幸福比失去的更多。

重要的是我们得出的结论：当我们说"人们该有做 X 的自由"和"不受 X 约束的自由"，或"在 X 上他们该被同样对待"或"得到等量的 X"这些话是对的时，如果它们是对的，仅仅是因为每句话中所含的命令一旦被遵照执行，结果就能比任何其他说法更有利于给更多人带来更大幸福。这就是功利主义的全部含义。

注　释

① Bentham, J., *The Principles of Morals and Legislation* (Hafner, NewYork,

1948），p. 1.

② Ibid. , p. 2.

③ Ibid. , p. 70.

④ Ibid. , p. 2 ff.

⑤ Quinton, A. , *Utilitarian Ethics* （Macmillan, 1973）, p. 34.

⑥ Ibid. , p. 43.

⑦ Stace, W. T. , *The Concept of Morals* （Macmillan, New York, 1937）,pp. 131—2.

⑧ Mill, J. S. , *Utilitarianism*, Chapter 2.

⑨ Dearden, R. F. , 'Happiness and Education' in Dearden, R. F. , Hirst,P. H. , and Peters, R. S. （eds）, *Education and the Development of Reason*（Routledge & Kegan Paul, 1972）.

⑩ 这个例子基于霍斯珀斯介绍的一个例子,参见:Hospers, *Human Conduct*. 延伸阅读中已作说明.

⑪ Mil, J. S. , *Urilitarianism*, Chapter 4. 关于穆勒论述的讨论可以参见沃尔诺克对丰塔纳版(Fontana edition)功利主义的介绍.

延伸阅读

考虑到本章在全书中的重要性,我在此多提供一些参考文献。特别重要的是一些明确敌视享乐功利主义的文献:Moore, G. E. , *Ethics* （O. U. P. , 1966）; Williams, B. , 'A Critique of Utilitarianism' in Smart, J. J. C, and Williams, B. (eds), *Utilitarianism For and Against* （C. U. P. , 1973）。麦金泰尔（A. C. MacIntyre)的《反对功利主义》['Against Utilitarianism' in Hollins T. H. B. (ed.), *Aims in Education*, Manchester University Press, 1964]一文专门探讨了教育功利主义的弊端。为驳斥麦金泰尔的观点,我们可以说他其实对教育功利主义似懂非懂。

相对中立地介绍功利主义的资料包括:Hospers, John, *Human Conduct* （Hart-Davis, 1970）; Quinton, A. , *Utilitarian Ethics* （Macmillan, 1973）。还可参见资料:

116

Mabbot，J. D.，*An Introduction to Ethics*（Hutchin-son，1966）；Hudson，W. D.，*Modern Moral Philosophy*（Macmillan，1970）。

经典文献有：Bentham，J.，*The Principles of Morals and Legislation*；Mill，J. S.，*Utilitarianism*。

在拙著《柏拉图、功利主义与教育》（*Plato，Utilitarianism and Education*，Routledge & Kegan Paul，1975）中，我对幸福这一概念作了比此处详尽得多的描述。此外，《功利主义：赞成与反对》（*Utilitarianism：For and against*，Smart，J. J. C.，and williams，B.）一书中也列出了一份有用的书目，包括涉及行为功利主义和规则功利主义的专著，以及关于功利主义这个话题的较为重要的总结。

第
三
部
分

第七章

康德和对人的尊重

也许本书目前最明显的不足是没有考虑康德的道德哲学。必须提到他的原因有两个：(1)他的影响力巨大，尤其是对许多与教育有关的哲学家工作的影响巨大；(2)他的道德哲学与功利主义截然不同。然而，我要说的是无论他的影响多大，康德的哲学中依然有个问题，大到我们可以得出他在某些方面明显有误的结论，而且他的哲学中有个要点，功利主义也有提及，只是名称不同而已。

功利主义者和康德至少有一个共同之处：他们都在寻找某种在道德问题上可以说是无疑正确的东西；他们都拒绝接受相对主义或主观主义立场的诱惑。不过，康德的研究方式相当独特。他自问道德行为相对于不道德行为的本质是什么。他不关心自己或其他人碰巧视为道德的行为具体是些什么行为；他没有，作为出发点，试着去区分道德行为和不道德行为。他关心的是找出那些表面上属于道德领域而非人类经验中道德中立领域的行为的显著特征。他不问"帮助你的邻居是道德的吗"，而是问"在什么情况下或在什么条件下帮助你的邻居是道德的而不是自私的、谨慎的、无礼的、随机的……行为"。换句话说，他不问"什么行为是道德的"，而是问"我们所说的道德行为是什么意思"。

他的答案是"道德行为是出于责任的行为"。"出于责任"

行事自然要与被迫行事、出于害怕行事、出于爱好行事等其他原因引发的行为区分开来。但康德还小心区分了不一定属于道德行为的出于责任行事以及属于道德行为的出于责任行事。因此，一个人若只是因为碰巧做了他和我们视为该做的事情，那就算不上道德行为；若是因为觉得有责任而自行决定这么做，只有以这种方式行动，他的行为才算得上道德行为。道德行为是我们自己觉得该这么做而会做的行为。如果你帮助邻居的孩子入学是因为你希望得到回报或只是因为你喜欢这么做，就不能算是道德行为。

120

　　我们当然不能认为任何出于责任的行为都是道德行为。一个人也许出于责任决定烧死邻居而不是帮他。无疑这正是那些把人当作女巫烧死的人的所作所为。我们自然不能把出于责任烧死女巫看成道德行为。这个观察的结果就是：出于责任行事最多只能算是道德行为的必要条件，但并不充分：行为要是道德的，（也许）必须出于责任行事，但只是这样还不够。

　　康德接下去就试图描述哪种行为该做或是道德的。如果成功的话，那我们就可以说一个道德的人是出于责任做这些事的人。我们就可以把他和那些根本不做这类事的人，也和那些出于责任之外其他原因而做这类事的人区分开来。

　　人是理性的。也就是说，人可以也的确按照各种原则和普通规则行事。康德把这种规则叫作"准则"。（准则是个人"构建出来解释他的行为"的"普通规则"。）他指出任何行为都能参照某条准则进行解释。例如，在某些情况下虽然听起来有些伤人，但我对某人说了真话。我为什么这么做？也许是因为"我总是说真话"，或是因为"虽然目前听起来有些伤人，但从长远看说真话有好处"，或是因为"我总是尽量伤人"。以上每一种解释以及你还能想到的其他解释就构成了准则。当然，行为主体可能是无意识地构建准则，准则也许比我的任何一个例子都复杂得多，行为主体也许不是一贯坚持遵守准则——他也许会说"我说真话因为我总说真话"，但事实上他并不是总说真话。这些考量都影响不了康德在这里要表述的观点,就是我们作为有思想的生物而不是机器人的确有主观的行事原则,即使我们的原则常常是在无意之中构建的。

准则本身无所谓道德不道德。但康德提出(这是他观点的关键部分),如果一个人决计(will)要普遍推行这个准则并让每一个人照此行事,那它就成了道德准则。(遗憾的是,这里我不得不打断一下思路——康德的批评者们尚未在康德认为有了这些条件准则就是道德的还是可能道德的一事上达成共识。后面我将回过来讨论。)例如,我帮助落难的邻居因为"我帮助任何落难的人",这是我的准则。显然,我可以推广这一准则,决计要每一个人照此行事,或自己致力于执行"让每一个人帮助任何落难的人"的准则。由于该准则得到了推广,它是(或可能是)道德准则。

无论我们认为康德说的是可以推广的准则"是"道德的或"可能是"道德的,他的意思显然是不可推广的准则不是或不可能是道德的。假如我向朋友借钱,答应还他,但事实却无意于此。大家来看,我的准则是"缺钱的时候我会去借并给个承诺,但无意归还"。康德说这个准则无法被推广。我们不能决计要"让所有人缺钱的时候去借并给个承诺,但无意归还"。我们不能这么决计的原因是,照康德的意思,如果这个准则得以普遍采纳,那还钱的承诺就变得一文不值。如果每个人都承诺还钱,但却无人守信,承诺就会变得毫无价值,就会被视为毫无价值。如果承诺毫无价值,它们就变得毫无意义,起不到为贷款作担保的目的,也就不会有贷款。这决计要做的事自然造成了无人放贷的局面,它与为贷款作担保的初衷背道而驰。我不能用这种方法筹到钱并决计让其他每个人理所当然地以同样的方式行事。因此,如果我按照这一准则行事,就无法决计让这条准则被普遍采纳,相应地,这条准则"缺钱的时候我会去借并给个承诺,但无意归还"不是道德准则。据我理解,至少康德是这么说的。必须强调的是,康德声称这只是逻辑推理而不是心理推理。他说的不是"没有人真正想要这种局面",而是"这么决计逻辑上毫无意义"。

康德就这样得出了他的"绝对命令"。它是"绝对的",因为不像规范命令"干这事""关门"含有进一步的条件,如"假如你想回家"或"既然你想取悦我",这种命令是毋庸置疑的,是没有任何限制或条件的命令。绝对命令是"你决计要让什么准则成为普遍法则,你就只按照什么准则去行动"。这是道德的基石。真正的道德规范该由可以推广的准则构成,康德除了坚持说只有一部分准则可以推广外,还举例说明哪些可能是或是他认为道德的准则。他明确指出这些准则包括:一个人不该说谎,不该自杀,不该贪图享乐糟蹋天赋,不该食言,以及不该无视落难之人。一个真正道德的人是个能出于责任控制住自己不做这些事(在别的事上也能遵守绝对命令)的人。

有一点康德说得自然没错。那就是除非某种行为可以推广,要不然我们不会认为它是道德行为。我们所说的道德原则的一大特点是放之四海而皆准,而不是某个行为主体的特殊情况。如果我想说服他人我在特定场合的所作所为是道德的,那最起码我必须承认其他人在同样的场合下可能也会这么做。因此,如果我因为某人嘲笑我而朝他脸打了一拳,又想说自己这么做是道德的,那我至少得承认如果我们俩换下位置的话那他打我也是道德的。

上面段落中重要的词组是"一大特点""最起码""至少"。记得我曾经强调过要注意一个问题,即康德是否只是说准则必须可以推广才是道德的,还是任何可以推广的准则本身就是道德的。我在此想说的是,无论康德想说什么,只有第一种说法才合情合理。准则可以推广的事实不足以说明它是道德的。一个人能决计某事如"所有人,如果被人嘲笑,都该揍那个嘲笑他的人",发生的事实说服不了我们大多数人认同该行为是道德的。另一方面,真正的道德准则的必要特性是可以推广,在我们准备说某人行为符合道德之前需要考察的事情之一是他必须按照他视为有普遍约束力的原则行事。如果他无视他认为可以用来约束他人的原则或他按照只用于他的原则行事，我们就不会认为他是道德的——无论涉及的原则是什么都是这样。

　　然而，我们不必因为赞成了康德所说的这些内容而赞成他其他的话，也不用跟着康德得出这个结论。事实上普适性这一点早在第五章就以不同的方式出现过了，即我们必须按照可以推广的原则行事和我们该不偏不倚（假设我们认可有的时候在特殊情况下人和人的差别会构成差异）是同一回事。康德事实上不会允许人与人之间的差别给这个问题造成丝毫影响。但它们显然会，例如一个人众所周知嗜杀成性，在某些情况下这就是我们不用对待别人的同样方式对待他的相关理由。如果我们认可这一点，那么所谓准则或原则必须可被推广就相当于人们该被同样对待——因此可以同样方式行事——除非存在差别对待的相关理由，也就是说除了不同的人、不同的场合导致的差别对待之外。如果我说有权揍那个嘲笑我的人，那公正无私原则规定我嘲笑他人时他们也有权揍我。

　　对于康德伦理理论的其他部分还有什么要说的呢？我有四点批评意见。

　　1. 一旦认可真正的道德准则必须可被推广只是道德准则的必要条件这一点，就意味着康德的理论不够完整。我们没办法确定各种可以推广的准则中哪些是我们可以看作道德的，因为他没有提供能帮助我们确定的其他标准。单凭康德在这个话题上所说的内容，"别人嘲笑我我就揍他"的准则可能是道德的，因为可以推广。再举个更加极端但也许更加现实的例子，我为什么不能（逻辑上说）决计，依我看许多人这么决计过，要"在任何情况下我都将把自己的利益置于他人的利益之上"？把它推广成"人不为己天诛地灭"显然是可行的。一种对这一准则（康德会和我一样认为它是不道德的）和"我总是说真话"那样的准则之间的差别不加以区分的伦理理论有什么用呢？

　　2. 虽然康德没能告诉我们如何在可以推广的准则中区分出哪些是道德的哪些是不道德的，但我们知道他无意中给了我们一些不道德行为的例子。虽然我们

123

可能和他一样也认为这些(或其中的一些)行为不端,但反驳他理论的最言之凿凿的理由是康德的论证并不能充分说明这些行为哪里不端。至少他所举的有些例子涉及(尽管他坚决否认)我们可以决计要变成普遍规律的准则。为什么我按照准则"我愿意的话就自杀"来做逻辑上行不通呢?我为什么就不能把它决计成普遍规律呢?还有,康德凭什么说没有人能把"任何人都不该帮助任何落难之人"决计成普遍规律呢?当然我们大多数人不会这么决计,而且我们大多数人当然和康德一样觉得这么决计会不道德。但问题不在这儿,根据康德的观点,这么决计逻辑上根本行不通。对此我要说的是,这显然不对。

3. 对康德伦理理论的第三条反对意见是:出于某种原因,他坚持说他提出的那些基本原则是绝对的、不容置疑的。因此,说谎总是错的,违约总是错的,等等。为什么康德要坚持这么说不太清楚,因为这看起来并不是他的理论的必然结果,对此我也不想多说。但除了我们大多数人觉得谎言有时候是情有可原的事实外,值得思考的问题是:当康德的两条绝对命令相互矛盾时,他希望我们怎么做?如果我不该说谎也不该违约,当别人问我是否有人告诉了我一个秘密而我又答应不说出去的话,我该怎么做?

4. 我的最后一条反对意见又回到了第一点。康德说只有当行事的决定是出于责任而做的时候才是道德的。如果他的意思只是说一个人虽做了好事但却是出于私心或谨慎,那他在道德上就不值得称颂,我倒没有意见。如果你做善事的目的是拉帮结派、沽名钓誉,就不配别人称赞你道德高尚。

但康德的意思有可能是,一些人也确实认为他的意思是某种行为只有出于责任才具有道德价值。我们常常将所谓把重点放在结果上的功利主义和把重点放在目的上的康德伦理学进行比较。两者区别明显,但那只是因为它们关注的问题不同,功利主义关注的是"哪些行为是大家想要的,我们怎么取舍",而康德在谈到责任时关注的是"如果要在道德上值得称颂,一个人要怎样行善"。说某种行为只有在行为主体有某种目的时才具有道德价值，这是荒唐可笑的。例如，如果我们赞成我们该守信这一做法，那么无论何时、无论出于何种原因，守信这一行为就是好的。一个人因为知道有人在看着而且想给看着他的人留下好印象而帮助老太太过马路，他这个人也许不怎么样，但并不意味着他的行为也不怎么样。

再说我也不愿承认个体要在道德上值得称颂的话就必须出于责任行事。假如他没有责任感是因为从来没有人跟他提起过这些，而他这辈子也从不知道责任感意味着什么，他只是喜欢帮助老太太过马路，等等。他只是有一种内在的倾向去做我们认为符合道德的那种事情。那他当然是道德的，他是天生道德的。同样那些出于习惯行善之人，那些从不自问为什么要这么做也从未体验过什么责任感的人，我认为也是道德的。实际上我想象不出有很多人，如果有的话，会完全没有责任感。但从逻辑上说他们应该存在，这就足以怀疑必须出于责任行事才符合道德的想法（如果认可了这一点，这种人就能被正确地称为道德的）。

我对康德研究伦理的方法和他得出的一些结论表示怀疑，但我看不到任何需要质疑功利主义的地方。我之所以对康德理论作了简要概述和批评，是因为他的声望让我们无法忽略，而且我希望能帮助读者自己来评价康德的理论。对于当今的教育哲学家来说，有两个康德率先提出的概念似乎特别重要："对人的尊重"和"自主"。

康德提出了绝对命令的多种表述形式，除了上面提到过的，还有这一条："无论对自己还是别人，人在任何时候都是一种目的而不仅仅是手段。"对于它是否等同于上面提到的那一条命令，哲学家们争论了很长时间。绕开问题，我认为即便这两个问题不一样，这个表述看起来也是从上一条推出来的结果。如果我们接受道德原则必须被无差别地用于每一个人的说法，如果我们接受所有人都须被考虑在内的说法，那么鉴于没有人可以仅仅被他人当作"手段"，结论便是我们都坚信不把他人只当作手段的说法。

125

康德还特别提到"敬畏人"的需要,意指"只适合敬畏能率先垂范'道德'法则的人"。我将忽略"敬畏"(reverence)一词及个人作为道德法则范例的想法,而侧重"尊重人"(respect for persons)这一现代概念。我想说的是,这个概念模糊至极以至于从中只能看出康德的大概意思,即没有人该被仅仅当作手段,因此虽然这个概念非常重要,但意义却非常有限。

"对人的尊重"听起来不错,而且明显排除了某些做法,如用人做靶子(就是我们可以用来提高射击技术的手段)显然不尊重人。不过有一些不太确定的例子:一个司令战时把战士送上战场就一定不尊重他们吗?尊重是什么?人又是什么?每个人都是人吗,所以都该得到尊重吗?恶毒的奸人是人吗?如果是,我该在哪方面尊重他?新生儿是人吗?我会爱他、照顾他、关心他,但我该在哪方面尊重他?

在大多数关注"尊重人"这个问题的人的眼里,"人"的基本意思如下。"人"这一概念的显著特征是在生活中担任着起决定性作用的角色。人,比如相对于动物而言,操控着他们的环境。他们根据意愿、推算、预测等来规划和改造自己的生活。他们有自己的想法。一个人是人,根据他的自我重视程度和别人对他的重视程度,他会被当作价值、决策、想法和选择之源得到相应的对待。正如赫斯特和彼得斯所说:

> "'人'的这种用法在概念上涉及一个所谓明确的观点,涉及评价、决策和选择,涉及在某种程度上做一个通过自己的选择决定自己命运的人。"[①]

我有三点要说:

1. "人"这个词依我看用得不对。也就是说,把人的用法局限于这种特殊意义,既偏离了正常用法又没什么道理。我们大多数人会自然地把所有人称作人,即使他们无论出于什么原因,都不能在任何显著程度上"做一个通过自己的选择决定自己命运的人"。

2."人"的这种特殊意义看来至少有得出以下结论的风险:有些人如幼童或精神病患者不是人。

3. 它引出了一个问题:有些人是否该是人? 也许前面提到过的恶毒的奸人,考虑到他有可能会做的事,根本不该有决定自己命运的许可。不给他决定自己命运的机会,以这种观点来看,就是不给他做人的机会。

不过这几点妨碍不了我们的讨论。重要的是弄清楚那些强调需要尊重人的人说的"人"是什么意思,就算我们觉得(比方说我)他们用词的方式很奇怪。我们要做的显然是把人当作独立的欲望、选择之源来尊重。我们要做的是认真对待那些有想法的人的想法。我们要做的是尊重他人的要求而不只是把我们的想法强加给他人。

这就回答了"尊重"在这里意味着什么的问题。在其他语境下为了触及这个概念的核心,我们可能会用很多有趣的例子展示"尊重"一词的各种用法,探讨它的核心及边缘用法。("尊重"有对某人望而生畏、让他们做自己想做的事、倾听他们的想法、脱帽、喜欢他们、热爱他们、和他们建立某种关系、把他们看起来胡说八道的观点当回事之类的意思吗?)

把人当人(指人的特殊意义)加以尊重的事实表明我们要做的只是认真考虑他人的想法,"认真到有可能根据他人想法改变自己看法或计划的程度"②。我们要做的不是,比如,真的去喜欢或倾慕所有人。我们要做的是牢记他人有他人看待事物的方式,我们要认真对待,不能因为他们看待事物的方式碰巧和我们的不同或因为我们碰巧不待见这些人而对他们的想法不予考虑或视而不见。

因此,要求我们"尊重人"实际上和要求我们把人当作目的而不仅仅是手段的意思相同,因为把人仅仅当作手段恰恰忽略了他作为一个独立个体或许有自己独

127

特目的的事实。那些人强调我们需要尊重人,其实想说的是:不要认为他人低人一等或不值得同等考虑(当然不同的人很可能在某些具体方面差一些,如不是好的板球手或不是好的数学家),不要做得好像他人不被考虑在内那样。

"尊重人……就是相信他人和我们自己一样终究也是人(即意识中心),所以要享有一定的权利并且被认真对待。"③ "只要我们认为个体有自己的想法,只要我们对此不是漠不关心,我们就是把他当成人来尊重。对人缺乏尊重的表现是,比如我们不顾他的想法纯粹为了自己的目的利用他或者不顾他的想法来安排他的命运。"④

我不想质疑尊重人(指人的特殊意义)的重要性。事实上我坚信它的价值,认为我们该同样关注所有人的幸福,也就是把人当作目标并考虑到他们的欲望和选择。另外,彼得斯说得对:任何有关我们该做什么的辩论的前提是正式接受把他人当作要求和想法之源来加以认真对待的想法。如果我假设你丝毫无益于讨论,那我和你讨论有什么意义呢?问题是我们无法进行更深入的讨论。尊重人这一思想告诉我们不要忽视他人或骑到别人头上,但它没有告诉我们什么时候忽视他人的想法或许是合理的,也没有告诉我们认真"考虑"某人的想法要怎么去做。

正如赫斯特和彼得斯所说:我们无法允许尊重人的想法演变成接受任何想法或在任何想法付诸实践时坐视不理。坚信这一想法的教师该怎么做呢?他当然不可以做得好像他对天底下所有事情都具有绝对权威那样拒绝考虑孩子们想要什么或觉得什么重要。他不可以拒绝倾听孩子们的想法及辩解。但他什么时候可以忽视他人的想法呢?

有些人会说绝对不行,我觉得这很可笑。"尊重人"的重要性比不上得出这样的结论:如果一群孩子有某种想法,讨论之后还是不改初衷,那么无论那是什么想法,无论孩子年龄大小、智力高低、有知无知,都要照这个想法去做。考虑某人想法的意思不能被理解成无论想法是什么都要袖手旁观,任其付诸行动。但如果考虑某人想法的意思不是这样的,如果它和教师考虑孩子们的想法但在实践中至少在某些情况下不予理会的意思一致,我们该怎么做呢? 例如赫斯特和彼得斯写道:教师"不必为他人表达了内心想法却没有说这些想法不够清楚或者和当前议题关系不大而感到惶恐"⑤。我完全赞成他们的观点,但我们也要看到反对的力量。正如波斯曼和维因加纳所提出的,反对使教师具有哪些想法或哪些辩解才算数的最终发言权。⑥

波斯曼和维因加纳说孩子们在任何讨论中说的任何话都是相关的,因为对他们来说那是相关的(不然他们就不会说)。当然顺着这个思路得出"教师不该有决定哪些辩解算数或哪些行为才被学校所容的最终发言权"的结论是荒唐可笑的。也就是说,我们自然不会同意下面这种说法:因为一个孩子给出的他欺侮邻居的理由是邻居是黑人,也因为这个理由无论意味着什么"对他来说是相关的",所以这是个好理由,教师必须允许欺侮发生。不过,波斯曼和维因加纳发现了一个问题:教师在实践中怎样区分他认为难以容忍的想法和的确难以容忍的想法? 虽然尊重人的正式含义是孩子也是人,他们有他们的想法,而且他们的想法和其他人的一样算数,我们要做的只是倾听他人的想法,但事实上特别是在孩子的问题上,没有人要求我们把孩子们的想法看得和我们的想法一样重要,除非他们碰巧说服我们改变了主意。

这等于说,那些觉得"尊重人"的理念模糊了"教师在尊重孩子的同时还是各种想法的最后定夺者"这一观点的批评家是正确的。这就是我说这个概念意义有限的原因。它真的只是要求教师在充当最后定夺者之余必须对别的想法持开放的态度,特别应该倾听他所教孩子的想法,并且牢记他们也有自己的情感与理想这一点。再说一遍,这点在我看来非常重要。但从这一原则中很难看出教师在实践中该怎样做。

注　释

① Hirst, P. H., and Peters, R. S., The Logic of Education (Routledge & Kegan Paul, 1970), p. 53.

② Ibid., p. 54.

③ Ibid., p. 91.

④ Ibid., p. 92.

⑤ Ibid., p. 92.

⑥ 参见 Postman, N., and Weingartner, C., *Teaching as a Subversive Activity* (Penguin,1971). 有关波斯曼和维因加纳观点的进一步讨论参见第十一章.

延伸阅读

康德哲学令人费解,以下资料有助于读者更好地了解他的道德哲学:Acton, H. B., *Kant's Moral Philosoph* (Macmillan, 1970);Korner, S., *Kant* (Penguin, 1955).
以下资料也不错,不过也许要难一点:Paton, H. I., *The Moral Law* (Hutchinson, 1948); Kemp, J., *The Philosophy of Kant* (O. U. P,1968).

"尊重人"是彼得斯的《伦理学与教育》(*Ethics and Education*, Allen Unwin, 1966)及赫斯特和彼得斯的《教育的逻辑》(*The Logic of Education*, Routledge & Kegan Paul, 1970)中的中心议题. 此外,也可以参考资料:Downie, R. S., and Telfer, E., *Respect for Persons* (Allen & Unwin, 1969).

130

第八章

自 主

从字面上的意思看，自主是指自治或自我立法。像雅典那样独立的希腊城邦有自治权，而雅典帝国成员国牺牲了一定程度的自主给雅典以换取保护。雅典人遏制了波斯统治的威胁，但他们向受保护的成员国提出了某些政治要求。他们在这些国家的政府中有发言权，所以这些国家并不算真正自治。这个国家的大学是自治的，因为它们对自己的组织结构负责。虽然它们可以获得公共资金，但并不直接受到外部机构如政府或纳税人协会的控制。因此，自主一词有个十分熟悉和直接的用法，即自主就是不受外部干扰或控制，就是做自己命运的主人而不受其他个人或群体的约束。

然而，当我们进一步了解个人自主或个体自治的理念，情况却因一个事实而变得复杂，即一个人未必是自己命运真正意义上的主人，因为没有人给他下命令。如果一个国家发生什么事都完全由它的成员决定，无论无知、偏见或贫穷等各类因素会怎样影响其成员的决定，那么说这个国家自主是很自然的事。但当我们思考这些个体的个人自主时，如果他们受这些因素约束而回旋余地不大的话，那么说他们在做自己命运主人这层意思上是自主的究竟还有多大意义就不清楚了。这至少是迪尔登等哲学家试图提出一个更为具体、更为确定的个人自主概念背后的原因吧。[①]

普遍的看法是除了不受他人控制，个人自主还有三点预设。自主的人必须服从理智而不是，比方说，情感。他参照行事的理性思考必须真实，简而言之，理由必须是他真心相信而不只是论证中信手拈来、没有任何诚意或不甚了解的搪塞之词。他必须有意志力去按他的理由行事。最后一个条件和第一个密切相关，它会在我们依次讨论这些预设时逐渐变得清晰。

1. 自主主体这个概念包含的第一个条件是理性思考能控制他的行为。说某人是自己命运的主人意味着他能操纵或控制他的行为而不是随风摇摆、漫无目的地行事。操纵意味着某种计划或某种程度的系统化思考。如果一个人从不思考他要做什么，各种不同的行为会带来什么结果，他想达到什么目的，什么手段能帮助达到这些目的，那么说他是命运的主人似乎很奇怪，还不如说他是奇思怪想的玩物。如果一个人要想成为自己命运的主人，那我们会指望他能组织和管理自身行为从而使之成为判断、思考、估算和决策的结果。所有这些概念都和理性有关。

这一点可以通过酗酒者的例子来说明。原则上酗酒者也许该被留下来自己照顾自己，这样他才能不受他人直接控制或法律手段的控制。但如果我们坚信自主者是自己命运的主人，那么说酗酒者有很大程度的自主仍然是匪夷所思的。这个人和被人用枪指着头的人一样无法做自己命运的主人，他贪杯贪到了受制于酒精的程度。相对来说，他缺乏行动的自由：他不得不做任何能换一杯酒的事情，而喝醉以后他行动的自由就更有限了。同样，一个充满妒忌的人也相对缺乏自主。假设他的妒忌到了影响判断的程度，比如他自以为老朋友给他满意的工作实际上是为了追求他的妻子，所以他就无法接受这份工作，从而严重影响到了他控制自己生活的自由。

我们还可以说摔断一条腿、信奉上帝或不喜欢爱尔兰人也妨碍了自主，继而提出问题：能否有效区分不同人的自主程度？为什么做酒鬼比有某种信仰对自主的影响更大？毕竟如果一个人笃信上帝，这一信仰会限制他部分的行动自由。答案是有某种信仰不排除抛弃信仰的可能。只要我们笃信上帝,我们的行动就会在一定程度上受到限制,但我们仍然是自己命运的主人,因为我们还可以抛弃信仰;如果我们不准备抛弃信仰,那也只是我们为自己选定的一个方面的生活。从另一个角度看,如果我们是因为无法用理性思考得出结论才被灌输信奉上帝的想法,是被迫信奉上帝,那么我们的自主就真的受到了某种程度的限制。换句话说,我们的信仰也好假设也罢,虽然它们实际上会限制我们的行动自由,但只要它们还值得商榷就妨碍不了我们的自主。一旦它们成了决定我们行为的不可改变的因素,让我们做不了自己主人的因素——如酒之于酒鬼,那它们确实妨碍了我们的自主。摔断一条腿这样的因素和贪杯这样的因素的不同,不在于它们是可改变的——它们显然是不可改变的——而在于摔断腿这样的因素是无法控制的,我们对其束手无策。也就是说,个人自主的理想是个人尽量做自己命运主人的理想,这意味着他的理性不受无法改变的欲望或偏见影响,他实际上有足够的自由通过理性思考来设计自己的行动和生活方式。

因此,个人自由比不受他人控制更复杂的想法已经开始成形,第一个条件也没有随意、过度地扩展自主这个术语的通常用法。我们假设有个人要去参加大选投票,如果他受人逼迫把票投给某个候选人,如果他因醉酒根本没能投票,如果他出于仇恨把票投给了别人而不是那个他在理性情况下会承认自己愿意支持的他憎恶的候选人,显然他的投票行为是不自主的。如果他的投票行为是自主的话,他就必须根据自己的理性思考投票。如果他投票支持某个党派只是因为他从小认为这是该支持的党派,如果他从未考虑过支持或反对该党派的论据,他的投票行为也是不自主的。

2. 现在我们得思考个人自主的第二个条件。根据自己的理性思考行事的想法太模糊。事实上,在被问到为什么投票支持某个党派的时候,很少有人会说"这个问题问得好。我从未想过,我只是从小就这么想"。很可能他们会举出一大堆

133

理由说明自己为什么这么做。他们会进行理性思考,从某种意义上说任何人进行的任何理性思考都是他们自己的：理性思考不会因为他人也在用或因为它本就来自他人而变得不是他们自己的。正是为了区分那些运用自己的(意即他自己理解也由衷相信的)理性思考解释自己行为的人和那些通过鹦鹉学舌重复他人理性思考来解释自己行为的人,我们才引进了理性思考必须真实这一概念。

(1) 我用来解释行为的理性思考要真实的理由是,首先,必须真的是对行为的解释。只要一个人骗了自己,他在这方面就缺乏自主。例如,一个人拒绝给慈善组织捐款,作为解释,他提出人接受慈善捐款就会堕落的理论,而事实上真正的原因是他什么都不舍得送出去。只要这个人缺乏自我认识并且在欺骗自己,他就不是自己命运的真正主人。他的理性思考不完全真实,从而影响了他的控制力。

(2) 其次,我给出的理由是,除了必须是对行为的真实解释外,还必须是行为主体真正相信的理由。也就是说,我提议投票支持某个政党的说法不足以真的成为投票支持该政党的理由。如果这一理性思考是真实的,我必须在意它。

(3) 最后,理性思考必须和我个人生活的其他方面以及反映我思想的其他例子一致。我参加学生示威游行是真实的理性思考的结果,因此只有我明白自己的真实动机,只有动机涉及我真心相信的理由,我参加游行才是自主行为。如果我真的认为游行是达到我真心想要的目的的有效手段,或者游行能提供我真正想要的乐趣,那我参加游行才是自主行为。反之,如果我认为游行是表示抗议,而事实上我是迫于同侪压力,这样的理性思考就是不真实的。

3. 一个人在计划阶段的行为受真实的理性思考支配,但在实践中由于缺乏执行的意志力而无法实现自主。因此,一个人根据他的所知所信明白自己要什么,制订一系列的行动计划,但他可能缺乏努力行动的决心。也就是说,像贪杯、妒忌或对自己动机一无所知会影响他对自己命运的掌控程度那样,无力执行他认为要做的事情也会害了他。

个人自主就是要根据自己的理性思考来行事、表现、拥有自己的见解;就是做自己命运的主人,即靠理性指导自己的生活以及掌控情感和欲望而不是相反。个人自主的条件是我们的理性思考不可以自欺,而必须是本人观点的真实体现。

因为个人自主的概念是哲学家创造出来的,所以现在介绍一下迪尔登(非常关注这个概念的人物之一)对它的诠释也未尝不可。他说道:

"从所谓的'常规用法'中得不到多少明确的指导。相反,我们在做的是构建一个仍然非常模糊、非常不成熟的概念,它却隐含在教育创新和改革的各种变化之中。"他接着说道:"如果一个人在他生活的各重要领域的一切所想所做必须结合他自己的思维活动加以解释,那他就是自主的。也就是说,他在这些方面这么想这么做的解释必须提到他自己的选择、斟酌、决策、反思、判断、策划或理性思考。"

事实上自主有个程度问题,迪尔登也承认还有其他可能与自主相对的理想是重要的条件。撇开这些条件不说,既然我们已经说清楚什么是"结合他自己的思维活动"(这似乎和迪尔登的意思一致),个人自主的概念就不难掌握了。

然而还剩下两个重要问题。我们怎么识别一个相对自主的人? 自主的概念从定义上看涉及理性思考水平吗? 这些问题,依我看,迪尔登等哲学家还没有充分讨论过。

显然这样勾勒出的自主概念不一定涉及正确性问题或道德问题。没有迹象表明个人自主就能在道德上正直或给出标准答案。正如迪尔登所说,超级罪犯或许就是一个极端自主的例子,他或其他人在算计或判断上会犯大错误,但不会因此失去自主权。相对自主和相对不自主的人的区别在于他是否自己解决问题并照此执行。迪尔登以索福克勒斯剧本中名叫安提戈涅的人物作为自主行事的例

子,因为她按照"她真心相信是对的事情"行事。在剧中克瑞翁作为一国之君、安
提戈涅和她妹妹伊斯墨涅的叔叔将得到体面的安葬,而另一个在与城邦交战中身
亡的人却死无葬身之地。由于国王下了命令,自然假设是必须遵守。但安提戈涅
违背了命令,因为她的理性思考——而不是她的情感或脾气暴烈且忤逆——告诉
她要这么做。她没有不假思索地盲从别人给她的命令,也没有因为它是命令而遵
照执行。她做了她认为对的事情——这和我们是否觉得她的所作所为符合道德
的问题无关——我们立即认同她是在自主行事。

那和安提戈涅讨论过后决定服从克瑞翁的伊斯墨涅又如何?迪尔登没有说
她不自主,但我们怀疑他会认为她是自主的,正是相对于伊斯墨涅决定做别人告
诉她做的事,安提戈涅才显得格外自主。安提戈涅和伊斯墨涅的差别究竟在哪里
呢?两者都思考了这一问题——她们甚至在一起讨论了。两者都做了在那种情
况下她们真心以为该做的事。安提戈涅在希腊人看重的两大原则——遵守以克
瑞翁为代表的法律和埋葬逝者——发生冲突时,决定选择后者。而伊斯墨涅选的
是前者。显然,两者都有忽略他们选择忽略的那条原则的顾虑。说到底那就是这
部戏的内容:原则间的冲突。但它改变不了每个人会做她认为在那种情况下该做
的事情的事实。

问题是因为伊斯墨涅服从了命令,我们很容易假设她没有独立思考过。不过
这一假设忽略了一种可能,即她独立思考过并选择遵守法律。也就是说,这个例
子正好说明迪尔登用来标记不自主个人的短语"服从当权者意志行事"存在歧义。
一个自主的人从定义来看不可以按某种方式行事,即不顾他自己更好的判断而去
听从当权者的指令。可是听从当权者指令不一定意味着行为主体是在不顾自己
更好的判断行事:也许他认为在某种情况下当权者是对的,或更重要的是也许他
认为人们必须服从一国之主的一般原则是可取的、正确的。

我不想过分纠结于这个具体例子。迪尔登可能选错了例子,他可能会承认伊

斯墨涅也是自主的，也可能会说剧中没有直接证据表明她也进行了独立思考。我发现的问题是：无论举出什么样的例子，一旦我们排除了贪杯或毒瘾这类对自主具有明显限制的因素，我们实际上不可能区分一个人自主性的大小。如果我们区分不了一个人自主性的大小，就很难达到促进自主的目的。

某个人按照他从小习得的行为标准行事在你我看来也许不够自主，但如果自主只是独立思考，那就没有明确的理由说他不自主。他在独立思考，他认为必须遵守这些标准或者仅仅认为他必须服从。一个服从当权者行事的人和一个根据自己思考判断行事的人并不是真正对立的，因为总的来说服从当权者行事的人觉得这么做是对的。他们思考判断的结果是必须服从当权者，也许因为他们相信总体而言当权者知道的比他们多，也许因为他们相信社会的维系靠的是对当权者某种程度上的服从，也许因为他们相信那些当权者在某件事上是对的。他们提出的这些看法也可能是错的，但根据迪尔登的观点，对错和他们是否自主的问题无关。

按照目前的定义，把自主当作为之奋斗的理想有着显而易见的风险：我们会忘记一个看起来缺乏才智、循规蹈矩的人有可能是自主的，而倾向于认为人的自主与否在于他行事与众不同或标新立异的程度，就像我怀疑迪尔登把安提戈涅而不是伊斯墨涅选作个人自主的范例那样。不过，与众不同或不墨守成规本身并不是自主的标记。

如果不是不可能的话，如此定义的自主概念不但很难在实践中加以利用，而且是否算是有价值的理想这点也值得怀疑。要达到促进自主的目的只不过是让人们按照自己看着合适的方式去想去行动。理想状态下他们得自己去思考某个观点是否值得拥有，是以这种方式还是那种方式行事，然后根据自己思考的结果去做。要注意的是，即便我们真的相信这一理想，也很难看出它和教育有什么关系，并且它为什么该作为一种教育理想。我们为什么需要教导人们这么做？如果一个自主的人只是按照自己看着合适的方式去发表意见去行事，那想来我们根本不需要教育就可以自主了。

这无论如何肯定不是我们的理想。首先,人们仅仅进行独立思考是不够的,理想状态下他们的思考该有质量,就是要前后一致、符合逻辑、考虑事实的真相等。其次,如果本书第二部分的论点得到认可的话,那我们等于已经同意人们不该有按照自己看着合适的方式行动的自由,而是说他们该有以任何不会不利于为更多人谋求更大幸福的方式行动的自由。

因此,要使自主这个概念成为人们认可的理想,看来我们还得进一步定义"独立思考"这个模糊的词语,并且为自主这个概念加上第四个必要条件。一个自主的人除了思考要真实外,还要思考得有质量。仅仅走过场地思考一下,例如我打算炸毁议会大厦,因为盖伊·福克斯这么做过,而他向来是我崇拜的人;这样思考是远远不够的。我们的思考必须体现一定的标准并且有一定的质量。

对于这一主张有两点必须要说明。第一,很可能有人会说我给自主加上第四个必要条件就会过度扩展这个术语的意义。也就是说,自主意味着独立思考并且思考得有质量的观点是不合理的。我的回答是这对我的论点没有影响:我们既可以说自主意味着这些,它是人人想要的理想,也可以说它不包括有质量的思考,不是人人想要的理想。我唯一想说的是,只要人们思考得有质量就必须独立思考这一点是人人想要的理想,而不是其他。

第二,很可能有人会说即便我们正式同意思考必须体现一定的标准,实际上高质量思维的标准是什么、这些标准是谁定的也都是大问题。不过这蒙蔽不了我们,事实是即便在众所周知非常困难的价值判断领域,我们还是能够分清哪些判断一无是处,哪些至少值得我们认真考虑。有些标准如连贯性、一致性、相关性等是我们可以也已经同意了的。还有涉及选择合适手段达到目的的一整套思维,那套目的本身毫无疑问而且我们原则上又可以分清质量好坏的思维。同样,在实证科学领域,我们也能区分思考质量的好坏。

因此,我的结论是:原则上一个自主的人就是一个只服从好理由约束的人,这一观点没有真正的反对意见。但这样一个自主的观点就是人人想要的理想了吗?作为一个政治理想,自主给功利主义者提出了一个特别有趣的问题:虽然他相信幸福是终极目标,但他会说那些思考有质量的人必然同意他的想法,而且个人自主的理想和走功利主义路线的社会理想并不矛盾吗? 虽然他相信幸福是终极目标,但他会说那些不接受功利主义观点的人必定是他们的思路出了问题这话不着边际吗? 无论是哪种情况,如果他还想做一个功利主义者,他就得提出让人们行为自主的理想必须服从幸福的主张。也就是说,他认为虽然人们独立思考(思考有质量的话)是重要的,虽然他不准备说拒绝接受功利主义的人就是思路出错,但是如果人们的行为和功利主义的要求背道而驰,他们就不可以自主行事。

可想而知,功利主义者面临的困境——无论哪一种都不能接受——会让一些目前接受功利主义的读者重新考虑。我也不想否认这是个巨大的困境。然而,我们主要关心的是教育问题。作为一种教育理想,自主这个概念是人人想要的。

促进这种意义上的自主,包括让人们自己以一种知情的、有能力的、相关的方式提出问题并加以解决,而不是被动地接受他人的观点。从功利主义观点来看,这个目标非常可取,因为这样的质疑促进理解并且为增长知识铺平道路。我们有理由相信民众的理解力得到大大的增强以及知识的增长,对社会的长期幸福具有潜在贡献。

最后,有一点值得注意:从逻辑上而言,促进自主(按照我附加了四个必要条件的定义)的目标给了我们三个近期目标。(1)有必要促进个人关注事情背后的原因,养成独立思考的习惯。(2)有必要传授孩子有关哪里寻找以及怎样获得各类信息的知识。教育理论家似乎经常忘记有质量的思考或做出合理的决定需要知道一些简单的事实以及更多讲究的东西。(3)有必要促进个人关注好的推理,给他们一些进行好的推理的入门培训。具体而言,因为我们在不同领域的思考方式或许不同——为发现该做什么而思考道德价值，完全不同于为兴建机场而思考选择什么位置最合适——重要的是人们该认识到不同类型的研究需要不同的研究方式。（有关这一点的进一步讨论参见第十一章。）

也许当今教育面临的最大威胁之一是：大部分反对那种阻碍孩子质疑和独立思考的教育观点的先驱自己根本忽略了知情（informed）和理性质疑的需要。

注 释

① 本章所有提及迪尔登的内容都出自以下文献：Dearden，R. F.，'Autonomy and Education' in Dearden，R. F.，H.，and Peters，R. S.（eds），*Education and the Development of Reason*（Routledge & Kegan Paul，1972）.

延伸阅读

有关个人自主这一概念，迪尔登做了许多开创性的工作，主要参考资料有：Dearden，R. F.，'Autonomy and Education' in Dearden，R. F.，Hirst，P. H.，and Peters，R. S.（eds），*Education and the Development of Reason*（Routledge & Kegan Paul，1972）；Dearden，R. F.，*Philosophy of Primary Education*（Routledge & Kegan Paul，1968）。道尔（J. F. Doyle）的著作《教育评判》（*Educational Judgements*，Routledge & Kegan Paul，1973）中收录的许多文章的核心内容就是自主，特别是其中的两篇文章：Gewirth，A.，'Morality and Autonomy in Education'；Peters，R. S.，'Freedom and the Development of the Free Man'。有关自主的内容还可以参考资料：Quinton，A.，'Authority and Autonomy in Knowledge' in *P. E. S. G. B. Proceedings*，vol 5，no. 2（1971）。

第九章

权 利

关于"权利"的讨论有着悠久的历史,我们有理由相信在不远的将来人们对"权利"的热议丝毫不会减少。过去人们特别注重所谓的"自然权利",这些是来自"自然法则",或相当于"总是好的和公平的"的罗马天然法并受其保障的权利。① 换句话说,人为的法律(习俗)和"永恒不变的正义观"② 或"适用于世界各地所有人的普遍行动模式"③ 两者之间是有区别的。正如我们预期的那样,哲学家们在究竟什么才是来自这种自然法则的自然权利的问题上存在着某种程度的分歧。比如,洛克声称人有财产、生命、自由三大自然权利。至少并非所有人都赞同财产权,他们也并不总对这一自然法则的基石作出同样的解释。阿奎那认为自然法则本质上是上帝意志的表达,其他人认为不需要宗教基础。但长期以来,人们一致认为有自然法则及权利这回事。

词组"自然权利"渐渐有些过时,但本质上同样的意思由词组"不可剥夺的权利"(用在美国《独立宣言》之中)或"人权"来表达。所有这些讨论的共同点是无论人们所住地区的法律如何,无论他们出生或生活的环境如何,即便事实上有人剥夺了他们享受这些权利的机会,人人也都该享有某些权利。保护这些权利自然就成了海牙国际法庭的宗旨。

教育领域正日益受到频频提及的"权利"的困扰。有一本

《儿童权利》(Children's Rights)杂志,要求孩子有决定自己着装的权利,有放弃宗教信仰的权利,有参与学校管理的权利。尼尔提到孩子们"爬树的权利"。哲学家们就是否人人都有受教育的权利展开辩论。在不远的将来,如果工党政府信守承诺停办所有的独立学校,很可能会产生家长是否有让孩子在他们选择的学校接受教育之类的权利的问题。因此,人们拥有什么权利? 这里提到的各种权利的地位如何? 它们是自然权利还是人权? 功利主义有没有可能触犯某些人权? 我想在本章讨论的与其说是具体权利,不如说是权利语言本身。我想说的是权利语言具有误导性。

先考虑术语"权利"的逻辑。权利是一个人有权得到的东西。说某人有某种权利的意思是那个人得到了一项权益。歌曲《我有权拥抱你吗?》中歌手的意思是"有没有理由——比方说俩人以前是恋人——授权我而不是他人拥抱你"。又如"你无权进我的房子"意味着你没有这么做的权益,没有什么(没有法律、没有允许、没有习俗)授权你这么做。"我有权说出我的想法"的大意是我有言论自由的权利。当我们说"父母有权不让他们的孩子上宗教课"时,我们是指他们有这样的授权,在这件事上我们很容易找到权利来源,即《1944 年教育法案》。

任何权利都涉及某种授权。一个人可以有权做某事(拒见不受欢迎的访客、投某人一票),有权不做某事(未经审判不得入狱),或只是拥有物权(拥有财产的权利)。无论权利的本质是什么,显然逻辑上任何权利都预设了某种规则结构。因为权利是种授权,授权预设了某种提供授权的规则体系。例如,我们在看足球赛,我突然说曼联有任意球的权利。你问我为什么。我回答说"因为 X 越位了"。我的回答构成一个可以接受的理由,它揭示了权利来源,但这么做的条件是你、我及队员们知道足球比赛的规则并且打算遵守规则。比赛背后的规则结构决定了什么授权什么球员在各种场合必须做什么。如果足球比赛没有规则,如果我们想象一场足球的混战,从定义来看就是没有规则,显然再谈论权利就毫无意义。没有规则就没有权利。

到目前为止一切顺利。虽然提到权利就涉及某种规则结构,但显然不同的权利预设的规则结构不同。各类比赛有它们自己的规则,也就有它们自己的不同权利。各类机构有它们自己的规则,也就有它们自己的特别权利,就像俱乐部可能有一条图书馆禁止喧哗的规则,并因此赋予了其成员享受宁静的权利。更重要的还有法定权利。它们是来自这一地区法律的权利。因此,理论上讲我们有什么法定权利不存在问题:我们有法律给我们的权利。也许我们并不总是喜欢它们,也许我们认为我们该有别的权利,但一个人不能做的是声称自己有一种权利——如果他指的是法定权利——事实上不受法律规则结构的保护。

显然,这种有趣的权利依我看是所谓的自然权利、人权,或更简单地说是精神权利。据说这种权利不随地点、时间规则结构的变化而变化。我们要问的问题是:当人们要求这种精神权利的时候,他们在做什么?当洛克声称人有生命权、自由权、财产权的时候,他在做什么?当人们要求自治权、择校权、工作权、获得幸福的权利等的时候,他们在做什么?显然他们是在呼唤预设的道德图式或道德规则体系。他们假设并且暗中希望他人能和他们有着同样的假设,希望有某种道德规则体系约束着人们,这样人就该自由,该自治,该有权为孩子择校,等等。

这当然和一个人说他有法定权利并因此说法律中的规则体系赋予他这种那种权利的情况类似,但其中有一个关键性的区别。其他规则结构(法律的、机构的、比赛的)原则上是可以被验证的。它们有些什么内容没有多少可争论的余地。但正如我们知道的那样,道德规则结构引起了激烈的争论。要求道德权利就是要求某种道德规则结构具有有效性。换句话说,要证实人有任何一种道德权利就涉及证实一整套伦理立场的问题。我们只有具备某种共同的道德观,才能在人们是否具有某种道德权利上达成一致。比如,我们不能说虽然众所周知人们有着不同的道德观,但是必然人人赞成人有权给孩子提供最好的教育,因为从某些道德观

143

来看不是这么回事。

这些考量的结果是什么？首先，实际上权利语言具有误导性。词组"它是一种权利"带有肯定的口气，因为在法学领域这无疑可以充当辩论的休止符。"他干了这样那样的事情，为什么警察没有逮捕他？""因为他有权这么做。"在那种情况下那样说就够了。不过，没有理由表明为什么说某事是道德领域的权利可以充当辩论的休止符。说"人有自由权"在人该不该自由的辩论中不起作用，因为那正是论点：人有没有自由，有自由的话，又是什么意义上的自由？同样，那些反对极权主义的人以极权主义剥夺了人的自治权为理由，犯了用未经证明的假定来辩论的逻辑错误。他们没有说明极权主义可恶在哪里，而只是指出极权主义涉及某些他们碰巧认为可恶的事情。极权主义的倡导者——如果他有脑子的话——不会否认极权主义剥夺了人自治的机会，而会否认人该自治这一点。他会否认有自治权这样的事情。作为回应，仅仅声称人的确有这种权利根本不足以进行反驳。还有，那些反对功利主义的人会说功利主义可能压制自由权之类的各种人权，他们同样没有真正考虑哪些理由可以用来和功利主义相抗衡。他们说"幸福应该至高无上"这个观点不正确的时候倒是想直击要害。那算是一种观点，但要证明这种观点正确，必须对功利主义进行整体论证，并且指出它在哪里以及为什么不足或不对。因为功利主义不优先考虑人的自由权而声称它必定无法被接受是毫无意义的。

对于本章作为例子提出的那些权利，功利主义者会说些什么？他会说从根本上说人有追求幸福的权利。（有关这一观点的论证参见第二部分。如果所有人的幸福都该得到同等考虑是对的，那么所有人都有追求幸福的权利就是对的。）但是如果个人试图通过牺牲别人来获取自身幸福，他便失去了这种权利。除此之外，事实上个人对于幸福及其维护所需要的东西都有权拥有，只要它们有利于为更多人谋求更大的幸福。因此，家长是否有权选择孩子该接受哪种教育必须经过全面考虑,用长远的眼光,根据允许他们这么做会给整个社会带来快乐的多少才能决定。这计算起来极其复杂,而且计算结果的正确性也很可能会引起争议。然而,在功利主义者看来这是解决这个问题的正确方法。同样,人有自治权的主张(如果这一主张就像我认为的那样是正确的)是正确的,只是因为总的来说某种形式的自治政府比其他形式的政府更能促进民众幸福。另外,孩子应该在多大程度上受托参与学校管理的问题必须以同样的方式去回答。

总之,当人们提到"权利"时,我们需要小心,不是因为没有权利,而是因为声称有某种权利事实上是伪装过的对某种道德价值图式的诉求。对于任何一种像"人有……的权利"那样的陈述,恰如其分的回答是问有什么理由可以使我们主张人该有这种权利。这样的回应会使我们马上陷入对于伦理的深入讨论。是苦差事,但没有捷径。

145

注 释

① *Digest*, Book 1.

② Barker, E., *Traditions of Civility* (Shoe String Press, Connecticut, 1967).

③ Wild, J., *Plato's Modern Enemies and the Theory of Natural Law* (University of Chicago Press, 1953).

延伸阅读

有关"权利"的经典哲学文集有:Melden, A. I. (ed.), *Human Rights* (Wadsworth, California, 1970)。以下资料则收录了有关人权的一篇短文和主要历

史宪章的原文:Cranston，M.，*What are Human Rights?*（Bodley Head，1973）。

还有以下文献也很不错:*O'Connor*，*D. J.*，*Aquinas and Natural Law*（Macmillan，1967）；d'Entreves，A. P.，*Natural Law*（Hutchinson，1951）。

目前鲜有已经发表的教育权利方面的研究，不过劳特利奇 & 开根·宝罗出版社近期将有两本相关的新书出版。

在此期间，读者可以参考以下文章:Gregory，I. M. M.，'The Right to Education'；Wringe，C. A.，'Pupils' Rights' in *P. E. S. G. B. Proceedings*，vol 7，no. 1（1973）。

第十章

创造力

一些教育学院、学校、教师十分重视发展创造力的想法，我们许多人都熟悉创意数学、创意英语或笼统地说，创意时间和创意活动课。当人们都认为创造力重要时，哲学家的第一反应是想知道这个术语究竟意味着什么。我们也许认为这是足够明显的反应，因为尽管这个词给人印象深刻——例如被人说成是具有创造性思维的人会感到愉快——它的意思却相当神秘、模糊。我该做什么来表明我是个具有创造性思维的人呢？我们该怎样着手促进创造力发展呢？除非我们明确知道自己在说什么，不然我们怎么确定创造力是重要的？有必要简单说明一下忽略或匆忙应付术语解释（有时又叫作概念分析）的话，讨论会怎样变得失控。

休·莱顿写过一本书，总结了迄今为止所有有关创造力的心理学研究。[①]莱顿和我们大多数人一样把创造力看作规范性概念，也就是说他很看重创造力，认为说某人有创造力是在恭维他，并把培养创造力描述成提供"教育的乐趣"。

显然，如果认为创造力是人人想要的，如果我们都赞成促进创造力，那确保我们说的和考虑要促进的是同一件事就变得尤为重要。莱顿明白这种需要，所以他在书中的第一章就试图澄清创造力这个概念。遗憾的是，他根本没有用哲学的方式去下定义。哲学家会关注术语"创造性的"和"创造力"的各种用法,然后为了更清楚地理解这个术语努力找出所有用法的共同之处以及不同之处。哲学家会找出说某人有创造力的必要和充分条件——也就是说,他想知道要有理由说某人有创造力是否必须满足某些条件(这些是必要条件),是否还有其他条件一旦得到满足就足以让我们说他人有创造力。他会对临界个案特别感兴趣,因为通过仔细研究这些个案,我们最容易精确地找出什么是我们认为真正有创造力的人的特点而什么不是。有一个要点需要强调,即从事概念分析的哲学家不认为自己在揭示永恒真理,也不认为自己有资格定下怎么用词的规矩。他只关心澄清概念。他不说莎士比亚有创造力而你可以这么说,他不说一个三岁的孩子在纸上泼墨没有创造力而你可以这么说。你可以做你想做的。所有哲学家关心的则是指出在形容莎士比亚和孩子创造力的时候存在着的巨大差异。

147

莱顿下定义的手法是引用其他各个作者对创造力的看法,他们的看法大多用了和概念本身一样晦涩的术语来表达。他还大量引用科斯特勒的观点——科斯特勒关注的是用类推的手法来说明创造力的重要性,而不是给这一概念下定义。不过,说"我的意思是有创造力的人有着特点 A 和 B,做着 Y 和 Z"和下面科斯特勒说的确有很大的不同。

> "每一个创造性的行为……会回归到更原始的水平,一种从公认观念的桎梏下解放出来的新的无知。它是一个以退为进的过程,一个先瓦解再合成的过程,就像灵魂的黑夜必有神秘穿过。"(《梦游者》)

只有前面那种方法能帮助读者理解要他们看重并对孩子进行培养的究竟是什么能力。莱顿还引用了布鲁纳的话,且特别加以强调,"意思是我们的创造性行为是整个人的行为……正是如此而不是成果才使得它美好并富有价值"。然后他继续引用布鲁纳的话,"有效惊奇"是创造性行为的特征。因此,我们得到两种创造力——客观创造力和主观创造力。客观创造力体现在他人看到（或读到或听到）时感受到的"有效惊奇"上；主观创造力体现在创造者本人创造时感受到的"有效惊奇"上，就像孩子画方形母牛时可能体验到的那样。莱顿写道，我们不能"对竭尽全力和热情为我们描绘一幅他眼中世界——乱七八糟的方形母牛还有圆肚皮无脖颈的爸爸妈妈——的五岁孩子吝啬使用'有创造力'一词"。[②]

这解释已经不错了，不过不要把它说得太好，我们还是一无所获。想想看那些明摆着的困难。第一，它是什么意思？什么叫"整个人"？什么叫"有效惊奇"？它和满足感、惊讶得说不出话来、迷惘到狂喜、思考型钦佩等有关系吗？这些词组一点都不比他们要澄清的创造力这个概念本身清楚。第二，这有价值吗？人们普遍认为创造力是有价值的，在我们一致认为将创造力这个术语用作褒奖时至少有些人可能想到了贝多芬和莎士比亚，认为他们称得上是富有创造力的人。但如果孩子画的方形母牛也以算作创意作品的话（现在似乎就是这种情况），创造力是否一定有价值这一点自然就成了问题。无论如何，为什么我们不能对五岁孩子的画吝啬使用"有创造力"那样的溢美之词呢？第三，我们是否认可布鲁纳的观点，即一个人是否有创造力要看他的创造过程（整个人的行为）而不是他创造出来的成果。第四，至于客观创造力，谁的"有效惊奇"可以作为证据说明作品有创造力呢？任何有创造力的人创造的任何作品都能让某人在某处感到"有效惊奇"吗？最后也是最重要的是，即便我们知道"有效惊奇"的确切意思，事实上我们如何判断人们是否感到了"有效惊奇"？至于主观创造力，我们又如何知道孩子画方形母牛的时候是否体验到了"有效惊奇"？至于客观创造力，我们又如何知道参观者看画展的时候是否体验到了"有效惊奇"？

出人意料的是，尽管莱顿认为这是评估创造力的唯一标准，但他坦白承认我们无法判断或测量"有效惊奇"。按莱顿自己的话说，后果无法避免：我们无法判断或测量创造力。如果创造力要靠"有效惊奇"来评估而"有效惊奇"无法被评估，

148

那我们无法评估创造力。如果我们没有办法评估我们的成绩,那么我们如何着手促进它呢?莱顿接下去要回顾的心理学家进行的创造力测试的情况又如何呢?既然不可能是创造力,他们测的又是什么呢?他们真正测的,据莱顿所说,大多是发散思维和聚合思维。虽然两种思维中,发散思维可能和创造力的关系最密切,但莱顿也承认"已有证据表明发散思维的得分和现实生活中的创造力的相关性不强"[3]。

评估发散思维能力的测试样本本身有点意思,例如让孩子思考"洗澡时可能碰到哪些问题",列出"旧鞋盒的用途"或"为给定故事拟出尽可能多的标题"。质疑这些测试是否真的能测出孩子的能力还是有道理的。"发散思维"(如同创造力)听上去令人印象深刻,但似乎没有任何证据表明如果某次测试分数高,那么其他测试分数也一定高,或者在现实生活中解决问题的能力一定强。因此,一个孩子能想到旧鞋盒许多用途的事实,严格地说,只说明他能做这些事。如果这说明孩子有着很强的发散思维能力,那么发散思维就只能意味着思考旧鞋盒的用途了。所以它又有多大价值?此外,开展这类测试还有两个需要防范的隐患。第一,这些测试似乎没有明确提到答案的质量问题。相反,孩子说的任何一种旧鞋盒的用途都可以被看作正确答案。因此,这一发散思维能力测试中得到的高分可能只说明这个孩子能不在乎对错尽快写出一堆废话。(莱顿引用了一个有关鞋盒用途的相当愚蠢的建议——"在上面钻个洞用它作喷壶",却没有说他觉得这个建议做不做数。)第二,更重要的是,如果我们假设必须注意答案的质量,那么对某个孩子的评价,基于他在这类测试中的表现,在很大程度上取决于测试组织者对什么是标准答案的主观判断。例如,吉尔福特的测试是让被试为故事配上尽可能多的合适标题,那么有人就得判断给定标题的适切性。吉尔福特本人则更进一步,他把收集到的答案分成"聪明"和"不聪明"两类:只有聪明的回答才算是发散思维能力的证据。如果我们去掉所有的行话(发散思维、开放系统思考、水平思考),那么我们真正面对的观点是学会思考旧鞋盒用途或配情节标题之类事情是有价值的。也许是这样,但我们应该牢记这类测试需要测试组织者来主观判断"正确"答案,牢记似乎没有证据表明这类测试成绩和"独创性""发明能力"或"解决问题的能力"相关,牢记从培养一代创造性人才的构想开始我们已经走过了一条相当漫长的路。

在题为"富有创造力的人是什么样的?"的章节中,莱顿提到了在不同人群身上做的研究(例如有创造力的建筑师、有创造力的作家)。他还提到做了"各种格子"来确保相对其他人而言选中的被试"的确更有创造力",但他没有具体讲格子是什么。此时此刻反思一下,我们就会发现一些奇怪的事情。我们怎么能不先给术语下定义就有检查一个人是否有创造力的具体方法? 当我们刚得出结论,即所谓的创造力测试事实上评估不了创造力,我们要怎么回答"富有创造力的人是什么样的"这个问题? 研究者们如何确保他们挑选的建筑师是有创造力的建筑师? 研究者用来评估他们所选实验对象的创造力的标准会影响"富有创造力的人是什么样的"这一问题的答案,这一点不是一清二楚吗? 毫无疑问,有创造力的建筑师和作家被认为是"在独立而不是俯首听命取得成功的能力上……远高于正常值",因为专注于发散思维能力和独创性的研究者一开始就不会挑选他们认为俯首听命的人来当有创造力的人。也就是说,整个实验设计有些循环论证的味道:研究者挑选了他们认为优秀的、不俯首听命的建筑师(因为差劲的、俯首听命的建筑师算不上有创造力),然后得出结论说对所选对象的研究表明他们"独立取得成功"。

提醒到此为止:出发点是人人想要创造力,所以我们该促进创造力发展的假设——根据"创造性的"日常语言内涵,这一假设不是不合理。但因为概念定义不清,在我们搞清楚之前就发现自己接受了下列观点:孩子该给老师有效惊奇,该追求独立。也许是这样,但到目前为止还没有论据证明这一观点:它完全取决于创造力这个概念的模糊性。

让我们重新开始,简单介绍一下创造力的基本概念也不太难。首先,我觉得

150

要有创造力的一个必要条件是一个人必须制作出属于自己的原创作品。"作品"在这个上下文中涉及从绘画到想法一系列的事情。"原创"不必意味着另类或离奇——作品的原创性可以源自对他人作品的小改动或对材料的新处理方法,就像作曲家经常在最初由别的作曲家创作出的主题上进行改编。"属于自己的"意思是作品由行为主体自己制作、设计或计算,而不是根据他人指导或模仿完成。我所说的一切就是如果一个人抄袭他人作品,或者煞费苦心地做出我们已有的作品,或者根本没能做出任何东西,那他即便成绩斐然,也没有创造力。

151 　　显然有关创造力这个概念最关键的问题在提到发散思维时已经触及到了:从定义上看,一个有创造力的人必须制作出有一定水平的作品,还是只要一个人的作品是原创的、属于他自己的,哪怕他的作品非常荒唐、差劲或语无伦次,我们都可以说他是有创造力的?(顺便提一下,我们在实践中如何确定某些作品如艺术作品是否有水平的问题,不可与从定义上看有创造力的人是否必须制作出优秀作品的问题混为一谈。我们这里关心的只是后面那个问题。)

　　如果我们说有创造力的人必须创造出优秀作品,那么创造力的价值和为什么有这样的价值就马上清楚了。但在这种情况下,学校促进创造力发展的那种活动或测试到底有没有价值就不清楚了:虽然莱顿不以为然,但没有理由表明我们该认为五岁孩子所画的方形母牛能体现他的创造力,也没有理由表明他列出的鞋盒用途清单或他诚心创作的故事能体现他的创造力。同样,没有理由假设个体多参加这样的活动在今后生活中会更有创造力——纵观历史,我们可以看到这些活动并不一定是发展创造力所必需的:莫扎特、莎士比亚和歌德都没有从比如思考砖头用途的课程中受益。显然,一个有创造力的人必须独立思考,真诚地表达自己的观点,因为他的作品必须属于他自己,所以如果我们刻意地想方设法地破坏孩子的率性,就很难说我们在培养他们的创造力。但根据这种观点,一个有创造力的人有的不只是率性。他必须真诚地表达自己的观点,但他必须按照标准去做:

他的自传(或自传体散文)必须写得好而且有真情实感才算是创作。由此可见,如果我们要在某一领域促进创造力的发展,那么需要做的事情之一便是帮助孩子了解那个领域优秀作品的标准。

另一方面,如果我们说有创造力不一定要制作有价值的作品,或者价值的唯一衡量标准是率性和真诚,那么五岁孩子画方形母牛或写自传文字的时候很可能是有创造力的。但这样一来创造力是否特别有价值(就算是有)的问题就出来了。我们不要被词语和它们的联想意义所束缚。即使"有创造力的"听起来顺耳,而且我们不假思索地认为创造力有价值,如果"有创造力的"意思就是一些人认为的那样,"制作原创并属于自己的作品"而无关乎质量,那我们也完全有资格问它为什么被看成是有价值的。

情况如下:鉴于某些活动是创造性活动,所以一些人希望我们推荐给学校。具体的例子有我前面提到过的对旧鞋盒用途的思考,理想状态下不根据客观标准予以纠错的写作,不根据客观标准做质量要求的画画,以及为故事拟定题目。因为这些活动是创造性的,所以它们一定是人人想要的,这样的观点意思不明确,令人无法接受。如果我们试图澄清,那看来我们得罗列一下各种观点:

1. 孩子创造的作品,若有机会表达自己的观点或是独立思考的结果,那在原创性和按客观标准衡量的质量方面是有创造力的。

2. 在这种情况下制作的作品是有质量的,因为衡量质量的唯一标准是率性和真诚。

3. 在这种情况下制作的学校作品本身可能没什么质量,但有机会制作这类作品——这类不受对错、标准束缚的作品——的结果是孩子今后会变得更有创造力,那种制作高质量原创作品的创造力。

4. 主张开展创造性活动,其目的根本不在于呼吁提高作品质量,而在于增加孩子乐趣。除此之外,参与这类活动还具有极大的治疗价值,因为它们有助于增强那些在学校里经常被纠错和批评的孩子的信心。

就第一种观点而言，我们无须多说。任何一个领域中率性、无拘无束的活动（让我们以写作为例）都会自动变成高质量的作品，这绝对不可能。要写出高质量的作品，我们需要了解某些优秀作品的标准。伟大的作家可以更进一步，打破这些标准的束缚，但他们是在知道自己突破的是什么并且为什么突破的基础上才这么做的。举一个简单的例子：作家如乔伊斯在很大程度上抛开了标点符号的常规用法，但在理解的基础上为了特殊目的这么做与因为对标点符号一无所知而这么做是有显著区别的。如果在孩子们对标点符号一无所知的情况下任由他们用文字进行自由表达，那他们就少了一种工具，一种作家用来提高作品质量的工具，而我们其他人就陷入了几乎无法评判作品质量的境地。一般来说（回到最基本的问题），无论孩子的作品（事实上也包括大多数成年人的作品）多么真诚地表达了自己的观点，以评判高质量原创作品的客观标准来看都算不上是有创造力的作品。

第二种观点规避了这一反对意见。如果优秀作品的唯一标准是真诚，那显然孩子率性、真诚的作品就是优秀的。尽管一些教育学家的确主张把真诚作为质量的唯一标准，但我却认为这种主张是荒谬的。可以说要是接受了这样的主张，那只会招来进一步的问题，即创造性作品有没有什么价值。如果我们承认从定义上看任何有真情实感的作品就是优秀作品（这样一来一封投给《泰晤士报》、诚挚地表达了作者认为这个世界快完蛋了的信，从定义上看就和品特剧本一样是优秀作品），那么我们就能继续问出一个合理的问题："优秀作品"究竟有多少具体价值？

第三种观点缺乏确凿的证据支持。只要提起那些没有在学校体验过创意写作（即不受批评或对错束缚的写作）却富有创造力的作家，我们就能说明这些机会对于培养富有创造力的作家来说不是必需的。另一方面，因为大家公认判断个体是否有创造力的一个标准是原创性，所以鼓励孩子按自己的意愿自由写作而不关心优秀作品的客观标准或受其束缚会有益于创造力培养的观点也许有它对的地方。这显然是个程度问题，要点仍然是：除非他们在发展真诚地表达自己观点的能力之外，也发展了按客观标准有效表达自己观点的能力，不然他们不会成为有创造力的个体。这点可以通过考虑一个有创造力的数学家（因为数学优秀的标准比文学优秀的标准更容易辨识）来讲清楚。一个有创造力的数学家是个在数学领域做出开创性工作的人，但他的工作也是站得住脚的。他除了是个有创造力的数学家外，还必须是个优秀的数学家。如果我们除了鼓励人们独立思考、勇于创新之外，没有同时培养他们在数学方面的能力，那么我们不太可能培养出有创造力的数学家。

第四种观点引进了一个全新的视角。到目前为止，我们理所当然地认为理想状态下培养有创造力的个体就是培养能在作品中体现原创性和质量的个体。从几乎任何一种角度来看，说这是社会该关注的问题无疑会引发争论。从功利主义者的角度来看，创造力是人人想要的，因为有创造力个体的存在，可能从长远看有利于促进社会幸福。有关科学之类的事情显然是这样的。例如，目前这个世界似乎面临着日益严重的能源危机，如果这世界要避免能量衰竭以及随之引发的混乱和痛苦，我们就需要有关新能源的开创性的、有效的想法。有关艺术，情况也许就没有那么清楚了，然而认为创意艺术直接带来的快乐，以及它带来的间接影响如洞察力的提升及对自身和他人了解的加深，都有利于增加人类幸福的总量似乎不算不合理。

第四种观点直接转到了幸福的问题上。据说学校里创造性活动的价值在于个人以这种或那种方式得到的满足感，而不是在于作品的客观价值。这些就是看重幸福的功利主义者强调创造性活动的原因所在吗？夸张点说，孩子该乱涂乱画，因为这样能让他们放松、感到快乐，他们的率性行为不该因为要他们了解优秀作品的标准而受到束缚，这样真的好吗？回答既是肯定的又是否定的。肯定，是因为功利主义者必然认为人人想要"孩子和其他人一样应该得到快乐，受教育不该让他们感到痛苦",只要这些活动的确能给他们带来快乐(即时快乐以及从长远看提高自信心后可能带来的快乐),就是鼓励孩子参加的好理由。但是,这是个大大的但是,如果教师真的相信幸福的价值,他肯定必须为孩子做得更多,他会帮助孩子为使他们感到快乐、有利于增加社会幸福总量的将来生活做准备,而不是任由他们乱涂乱画。特别是,如果孩子们在成长过程中不会过分夸大自发涂鸦的价值,那最终很可能会对他们的幸福大大有利。

　　总之,鉴于上述理由,我们最好努力促进孩子创造力的发展,鼓励他们制作出各个领域优秀的原创作品。为了做到这一点,逻辑上必须使孩子了解各个领域优秀作品的标准,同时激发他们表现原创性的意愿。当然,尽管我们强调创造力,但只有一小部分孩子会真正成为有创造力的作家、数学家等。情况既然是这样,有人建议把重点放在质量上比放在原创性上更为重要。原创(写得有真情实感)文学作品、原创数学成果或其他质量不怎么样的工作只是虚假成就,而原创性不高但质量不错的工作至少可以说体现了制作者对优秀作品标准的把握程度。另一方面,鼓励孩子在各个领域工作,不会因教师红笔纠错随时准备暴露其弱点而感到受阻,这种适度关注的做法值得维护,因为它能带来即时快乐,有助于激发孩子独立思考、做他自己的意愿,但这里有个程度问题。依我看需要摒弃的是标准问题可以被忽略的建议。人类的长期幸福取决于坚持标准的重要性。

155

注　释

① Lytton, H., *Creativity and Education* (Routledge & Kegan Paul, 1971).
② Ibid., p. 3.

③ Ibid. , p. 42.

延伸阅读

"创造力"在教育哲学领域或许是个被滥用的概念,对此,以下资料可为读者释疑解惑:White, J. P. , 'Creativity and Education: a philosophical analysis' in Dearden, R. F. , Hirst, P. H. , and Peters, R. S. (eds),*Education and the Development of Reason* (Routledge & Kegan Paul, 1972)。另外,比我在此对这个话题所做的讨论更进一步的文献有:Elliott, R. K. , 'Versions of Creativity' in *P. E. S. G. B. Proceedings*, voL 5, no. 2(1971),以及同一个作者的另一篇文章:'The Concept of Creativity' in *P. E. S. G. B. Proceedings*, vol. 5, no. 1(1971)。

许多有关教育领域创造力的文献实际上涉及心理学的范畴,以下文献对此话题做了很好的梳理:Lytton, H. , *Creativity and Education* (Routledge & Kegan Paul, 1971)。

第十一章

什么才是有价值的？

从"教育"的定义看就是要"引导学生参加有价值的活动"，这已被证实。不管怎样，我视为公理的是任何投身教育的人、任何想教书育人或看重教育的人必须在原则上确保孩子是来从事有价值活动的。哪些活动是有价值的当然是另一个问题，而且存在着广泛的分歧，不过我们难以想象有人既相信教育重要，又同时认为孩子应该或者可以把在校时间全部花在没有意义的事上。如果发生的事情毫无意义，那从定义看就是不重要的。

我在这一章要关注的问题是：我们怎样评估教育活动？我不会细究具体哪些活动是有价值的，因为那会牵涉到这些活动本身蕴含的各类知识、大量的经验信息以及评价性考量。例如，要回答"学化学有价值吗？"这个问题，我们需要说清楚：（1）学化学就是要学什么；（2）某些年龄段的孩子可以用这种方法学化学，结果会怎样；（3）这个结果富有价值。我只关心一个到了最后人人无法回避的问题：我们根据什么标准评估某事有没有价值？

我的回答很简单（参见本书第二部分，我想这样的回答在意料之中），不过出于上一段提到的原因，这样的答案实际上不能使"学校该开展哪些具体活动"的决定变得容易多少。

有没有价值的标准是快乐，但这不是说只要活动能给行为主体带来快乐就是有价值的。我们得说总的来看只要活动能促进快乐并且/或者减少痛苦，它就是有价值的。我们不仅得考虑行为主体体验到的即时快乐程度，还得考虑活动给他人带来的快乐。另外，我们得考虑该活动各个方面可能给快乐数量带来的间接帮助。例如，即使事实上没有人乐于做医生，研究医学显然会给快乐数量带来间接帮助。在评估一项活动有没有价值的时候，所有这些因素都得被考虑进去，因为我们关心的是为所有人带来尽可能多的快乐。

　　由此可知，没有什么活动是一定有价值的。没有活动正好是并且必须是一直有价值的，因为可以想象某项实际上能带来莫大快乐的活动可能会不再如此了。由此还可知，有价值的其实是个相对的概念。事情不只是有价值的或没有价值的——它们或多或少有些价值。因此，我们不需要关心"一项活动带来的乐趣要多广泛才能使该活动变得有价值"的问题。只要某项活动带来的快乐比其他活动的相对多一些，它就是有价值的。有时我们会说一项活动"有价值"，实际上就是在说它特别有价值或它有促进快乐的显著倾向，所以无疑是值得开展的。

　　因此，作为例子，我们完全可以说钻研和实践法律是有价值的活动，也就是说，它特别有助于增加快乐，或比起其他活动如玩泥饽饽来说更有助于增加快乐。它确实是这样，虽然我们在自找麻烦——第六章里我们遇到过的计算问题。相对而言，法律实践是有价值的，自然比玩泥饽饽更有价值，因为即便出现不太可能的情况，即每个人都能从玩泥饽饽中得到比实践法律更多的快乐，我们说这个社会最终由于没有法律制度而失去的快乐比从玩泥饽饽中得到的快乐多得多也是完全合理的。从现实的角度来说，法律实践是有价值的活动，因为这一活动既能给实践者本人带来快乐，又能大大有利于整个社会的幸福。

　　我在第六章已经讨论过虽然各类活动带来的快乐数量的确无法真正量化，但这并不意味着我们不能进行合理的估算。特别是在构建道德规则的时候，不但进行这样的估算是可能的，而且对于"'你不该杀人'之类的规则以功利主义理论来

157

看合情合理"这种看法存疑是毫无道理的。不过,当我们回到根据价值对活动进行排序的问题时,我觉得我们必须接受一点,即有一系列的活动都处于中间位置,要比较它们的价值既不可能也无好处。也就是说,不同的人会碰巧喜欢不同的活动,如打板球、下象棋、看电影、听戏、爬山、烹饪或集邮,这些在某种程度上都是有价值的活动,而试图证明打板球比爬山更有价值将会非常荒谬。

现在我们到了阐述本书论点的关键阶段。显然评估活动价值的中心问题之一是:我们经常会面临给个人带来快乐的事与有利于大众幸福的事之间存在的矛盾。例如,人们如果觉得读文学作品和玩宾果游戏一样快乐,那无疑前者会更有价值。为什么这样呢? 这是因为活动本身的性质不同。宾果游戏实际上没有工具价值。也就是说,玩宾果游戏本质上除了即时快乐之外不会带来进一步的结果。文学作品则不同,它本质上具有给个人带来巨大变化的潜力,可能会影响他的人生观、见地、洞察力和想法,而这些又反过来影响社会幸福的总量。我们换一种说法,玩宾果游戏只涉及有限的能力,它对那些根本不玩的人的幸福没有直接或间接的影响。读文学作品可能会间接影响他人幸福并且需要更多的能力。那些生来只能以玩宾果游戏取乐的人们,从定义上看缺乏以文学作品为乐所需的、间接维护和促进社会幸福的能力。为避免问题复杂化,我们可以说以文学作品为乐需要在一定程度上理解人际关系的复杂性并对它感兴趣,因为这是许多文学作品的主题。其实相反,阅读文学作品能增加我们对人际关系复杂性的理解。这种理解可能会间接增加我们自身的幸福或提高我们增加他人幸福的能力。

有两点必须强调一下。第一,只要上述提到理解人际关系复杂性的例子被接受,那必须明确一点,我不是想说这种理解本身是有价值的。除了快乐,没有什么东西本身是有价值的。我也不想说理解本身是快乐的。我的观点是这种理解可能会间接增加社会幸福的数量。第二,我的观点是它可能会增加,而不是一定会。而说那些以阅读为乐的人事实上对社会幸福作出的贡献比那些玩宾果游戏的人大得多显然荒谬至极。

但不一定要说得这么夸张。假设人们在这两件事上得到的快乐一样多,支持 读文学作品比玩宾果游戏更有价值这个论点所需要的只是要说明,文学的本质决 定其能振奋人心,发挥人们有利于增加社会幸福总量的特性,或丰富人们的意识 进而也增加了幸福总量。这就是说,整个社会失去那些以读文学作品为乐的人比 失去那些以玩宾果游戏为乐的人的损失大得多。当然这个观点无法求证,但也不 至于更糟。如果它是合理的,那就值得照此行事。

用这种思路进行论证的重要性在于以下几点。只要存在某些活动比其他活 动对大众幸福总量的直接或间接影响更为有利,那可能的话,它们就是人人想要 的,人们该到这些活动中来寻找即时快乐。这就是教育发挥作用的地方。通过教 育,我们了解并且喜欢上我们原本不会喜欢的事情。

因此,教育的任务是:用既能使孩子们享受生活同时又能使整个社会的幸福 最大化的方式去培养他们。有教育价值的东西就是有助于达成这个目标的东西。 因为人不是一生下来就只能享受有限的几种活动,所以教育的任务就是不计行为 主体感受到的即时快乐,让孩子了解那些看起来最能对幸福产生直接或间接影响 的活动。这么做的目的是培养长大后能以这些活动为乐的人。因为在人们开展 这些他们感兴趣的活动之外,影响社会幸福数量的关键因素是民众的素质和特 征,所以理想状态下这些有益于培养人人想要的特征的活动该从娃娃教起。这些 是他们该学会享受的活动,是有特殊教育价值的活动。

下一个问题是:哪些特征是人人想要的?哪些特征最有可能有利于社会幸 福?在我把脑子里想到的这些特征列出来的时候,我有些许尴尬,因为我们很快 就会明白在把它们当作指导原则有效使用之前需要进行详细的哲学分析,而我不 打算在此一一说明。不过我觉得我的大致意思在分析之前还是可以被理解的。 这些特征如下:

1. 有探究精神。

2. 喜欢前后一致的推理，有一定的推理能力。

3. 注意理解他人、关心他人（"理解"在这里是"有同情心"的意思）。

我认为发展这些特征，用这些特征来防止不合理的教条、错误及自私自利，必定有利于人类幸福总量的增加。因此，促进这些特征发展的活动就有特殊教育价值。

当然，即便已经将功利主义原则解释清楚并且将我提到的进一步思考考虑进去，要确定哪些活动必不可少或从教育角度来看最有价值仍然是项艰巨的任务。哲学家就是在这个令人头疼的地方止步（也引起了大多数人的不满），说再进一步就不是哲学家的工作了。当然，一旦定下了目标、澄清了概念，哪些才是实现目标最有效的方法，确实主要是个经验问题。我的用意在于，说明我认为该如何着手思考哪些活动具有教育价值的方法。话虽如此，我将在下面几个段落中补充一些稍微实用一些的建议。

想来"有探究精神"只有在允许（也可能是鼓励）我们探究的环境下才能得到培养。因此，关注这一特征就意味着让我们摒弃任何一种试图压制提问并教导学生万事皆知、必须不假思索地接受权威所说一切的教育体系。不过，如果我们理解不了原因的话，"有探究精神"这个特征就是空的。同样，对于前后一致推理的关注和相关能力，需要先理解什么才是前后一致的推理。虽然我们不能确保所有人在所有事情的推理上都训练有素，但我们可以试着让所有孩子了解前后一致的推理都有哪些要求以及对于不同的问题有着逻辑上不同的处理方式。这样我们可以通过让人们注意不一致和不相关的例子，通过学习前后一致推理的例子，通过鼓励孩子们自己进行前后一致的推理，来提倡尊重一致性和相关性这类形式原则。显然，我们设想不出类似"前后一致的推理"这样抽象的课程。前后一致的推理要看上下文：一场政治辩论所预设的信息、所考虑的因素和辩论方式与物理学

161

中构建一个假设会用到的预设完全不同。但从提倡尊重一致性和相关性等形式原则的角度来看,在哪个领域进行实践不是特别重要。不管是在科学论证还是在电影讨论中,一致性就是一致性。

另一方面,如果要避免错误,那懂得不同的问题需要用不同的方式去解决很重要。要解决不同种类的问题,不仅需要拿出不同种类的证据,而且针对不同种类问题的逻辑思维方式也不同。大体有两种知识或推理方式,每一种都涉及人类探索的各个领域。我把这两种知识分别叫作哲学知识和科学知识。(如果读者熟悉赫斯特有关知识形式的工作,就会发现我既借鉴了其中一些想法,又在很大程度上与之唱反调。参见本章延伸阅读部分。)

哲学知识用的推理方式,适合所有无法通过实证调查确定的事情;科学知识用的推理方式,适合所有通过实证调查能确定的事情。

也许可以证明数学代表着既非哲学知识又非科学知识,纯粹、简洁而又特殊的第三种知识。不过所有其他领域的人类探索都可以被纳入哲学知识或科学知识的范畴。因此,"理想状态下人们该怎么做?""什么样的绘画作品或文学作品算是好的艺术作品?""上帝存在吗?"属于哲学问题,而"工人阶级的孩子考上大学的比例是多大?""等量的硝酸和水混合有什么反应?""除了那些我们熟悉的能量,能量还可能有哪些来源?"则属于科学问题。我们马上会注意到有些问题既可以用哲学也可以用科学的方法去解决。我们可以从哲学的角度研究道德("什么是道德?""我们该遵循什么原则?"),或者从科学的角度来研究("人们都有些什么样的道德价值?")。此外,有些人类探索的领域如历史,也可以用两种方法来研究。"雅典民主政治一塌糊涂吗?"要回答这个问题就必定得问"雅典民主政治有什么特点?"以及"总的来说这些特点一塌糊涂吗?"后者涉及价值判断,需要用哲学推理方式;前者则用科学推理方式。

赫斯特认为有八种不同的知识形式(数学、物理、人体科学、历史、宗教、文学

162　艺术、哲学和道德），理想状态下要让孩子们了解所有这些形式，不是为了让他们将来成为物理学家、历史学家等，而是为了让他们能懂得做一个历史学家、物理学家或其他什么专家有什么不同之处，这样他们就不会把历史问题和物理问题混为一谈。

我认为，和上述观点不同，这些并不都是不同的知识形式。例如，道德根本就不是一种知识形式，它是人类探索的一个特定领域，它会提出哲学问题或科学问题。不一定所有孩子都需要了解所有八种领域现行的或将来可行的探索方法。比如，不一定所有孩子都需要了解物理的研究方法，而需要的是了解哲学知识和科学知识之间的差异，理想状态是能够分辨出任何给定领域属于哪种知识类型，适合用哪种推理方式。换句话说，需要分辨出"哪种绘画作品受欢迎？"和"哪种绘画作品是优秀的？"两个问题之间的逻辑差异以及它们需要用不同方式解决的事实。不一定所有孩子都需要处理上述关于美术的具体问题的经验。为了增进孩子们对两类知识的了解，需要做的只是让他们了解某种既能充当哲学领域示例又能充当科学领域示例的探索方法。

我们怎样激发同情心或增进对他人的理解并关心他人在我看来是教育领域最有趣和困难的问题。我自然不知道它的答案，但可以说，因为同情心涉及跳出自身有限的世界观并对其作出反应的能力，所以至少需要让孩子认识到他人是不同的，并让他们对不同的世界观及应对方式有所了解。换句话说，需要在孩子的个人经验之上增加其在人情、应对、动机方面的经验。虽然我们反对一些提倡学习文学（历史次之）的人言之凿凿地说文学有助于提升同情心，但认为这些学习领域（尤其是文学）比其他大多数领域更有助于培养同情心肯定是没错的。毕竟总的来说，文学是有关人情、应对和动机的工作。读戴维·赫伯特·劳伦斯的小说结识某一类人，读乔治·吉辛的小说结识另一种截然不同的人。以这些新朋友为
163　对象进行学习和思考会增进我们对不同人和不同世界观的了解。（要确信学习文

学会使我们学会关心他人看起来更加困难。)

把这些主要的(尚不成熟的)观点整合起来,我认为对所有孩子来说有价值的教育活动,只要他们有能力去参与,是学习文学、道德哲学、数学和历史。除此之外,还有许多可以根据个人兴趣和孩子天赋(如音乐、科学、美术)鼓励他们参加的活动,鼓励某些孩子参加其中的某些活动——尤其是人文科学和自然科学——对于社会将来的幸福至关重要。我推荐文学,因为它可能有利于促进同情心的培养;推荐数学,因为它很特殊,并且显然有一定用处。我推荐道德哲学为孩子们了解哲学知识最合适的领域,一部分是因为它似乎比其他大多数的哲学探究更吸引人,一部分是因为从关心社会幸福的角度来看我们研究人类行为的问题至关重要,还有一部分是和灌输等概念有关的原因,这点留待最后一章讨论道德教育时再解释。把历史放进核心课程也许是最不好解释的。我选它是为了引导孩子学习科学知识,不是因为它是那种知识最典型的代表(正如我已经说明了的,它不是),而是因为我们希望:(1)研究历史,比起其他知识如化学,能给我们更多的机会进行质疑和独立思考,哪怕只是在学习的水平上;(2)研究过去可以增进我们对现在的了解。要回答任何有关"社会该是什么样子?"的问题,重要的是要了解如果出现这种或那种情况会发生什么事情。历史和其他知识一样不能预测未来,但它能告诉我们如果……哪些事情可能会发生。例如,我们不允许有关雅典民主政治的研究左右我们对民主的看法,但在思考它的利弊及运作中的实际问题之外,思考一种直接政府而不是代表政府的民主形式的问题肯定不是坏事,这有助于我们对曾经有过的唯一真正的直接民主形成透彻的认识,尽管过去和现在的情况不同。(它是一塌糊涂的吗?)

如果我提出的研究什么具有教育价值的方式被接受——这是有可能的,当然我的描述不涉及具体是什么才有教育价值——那么这就意味着某些解决这一问题的其他方法被摒弃了。为了公平起见,我现在要简单介绍一下其他方法,并解

164

释为什么我认为它们不够好。

1. 我和那些激进分子一样,不屑于用那种认为有些学科本身具有价值而不需要为此多做解释的方法来解决什么才有教育价值的问题。

> "有成千上万的教师,"波斯曼和维因加纳说,"相信有某些学科是'本身不错',是'自身不错',是'由于自身的缘故不错'。当你问'对谁来说不错?'或'不错的目的何在?'他们会回绝你说这样'太实际',他们只是就事论事——文学作为文学,语法作为语法,数学作为数学。"①

无疑有这种教师。但我不认为,比如,文学作为文学本身不错。我同样觉得不能接受的是,也有些激进分子认为学校里教授的传统学科没有一门是值得研究的。鉴于前文指出的理由,孩子学习文学、经典作品或化学是有价值的。(虽然我们有好理由认为这些学科应该用不同的方法来教,或我们不该用自成一体、互相脱节的方式来教这些学科。)有些学科的教授者和维护者拒绝证明开设这些学科的合理性,这有可能是因为维护者的判断力不强,但以上事实并不能表明没有理由开设这些学科或这些学科本身没有价值。

此外,将波斯曼和维因加纳提出的构建有价值课程体系的标准作为充分和唯一标准还不够。他们认为整个课程要"由问题组成",例如,"如何分辨'善'与'恶'?""你如何知道某事'是'什么或是否是什么?""我们社会发生的重大变化之中哪些是要鼓励的哪些是要限制的? 为什么? 如何鼓励或限制?""维持植物生命的条件是什么?"②教师不该试图去组织或控制有关这些问题的讨论:他"感兴趣的是培养学生自己制定标准来判断各种想法质量、精度和关联的能力"。孩子们的想法不该"因为没有多大关系……而被排除在外。(和什么没有多大关系? 显然,它和孩子们正在思考的问题有着密切的关系。)"③他们把古希腊研究中的一个

165

具体例子作为反例,把"为什么雅典是希腊的主要城市"之类的问题当成"矫情的小问题"。

如果有说服力的辩论而不是正确的推理可以赢得辩论,那么波斯曼和维因加纳就是我们这个时代伟大的教育家了。要强词夺理使"较差的理由显得较好"需要超强的技能。但如果我们愿意仔细想一想的话,这里自相矛盾的地方很明显。这些问题(对我来说)非常有吸引力并且值得讨论,但它们碰巧都是非常复杂的问题,前两个是哲学问题,最后一个是科学问题,第三个既是哲学问题又是科学问题。要让学生寻找这些问题的答案是一回事,把"寻找答案"定义成随便说自己认为不错的想法是荒谬的。假如在回答第一个问题时,我说"善"与"恶"可以通过计算某一行为的执行次数来分辨,这样其实是在浪费每个人包括我自己的时间。我显然并不理解这个问题。事实上,要认真回答这些问题需要:(1)对问题的本质有所了解;(2)用合适的方式处理问题的技巧;(3)关注合理推理的正式标准;(4)信息。例如,社会正在发生什么变化? 哪些是"重要的"? 因此,"整个'课程'"不能都由问题组成。另外,"为什么雅典是希腊的主要城市?"这类问题所含的轻蔑之义,说明波斯曼和维因加纳决心把可能有关系的整个研究领域屏蔽在孩子们的脑海之外。"和什么有关系?"和手头的问题有关系。如果只让学生学习"这个世纪,或(他们)自己国家"的事情——波斯曼和维因加纳是没有这么说,但从逻辑上看他们排斥历史,他们列举的问题本质上只关注当代——他们有关"我们社会发生的重大变化"的答案就偏狭得可怕,更遑论乏味和无知了。

这个"由问题组成的课程"能给我们的启示,也许是参照原来的学生开展教育的方法。换句话说,如果我们假设教育已经培养了学生理性思维的技巧以及有关两种知识、实践和信息的意识,那么也许鼓励他们去寻求这些复杂问题的答案,比"灌输"一些所谓毋庸置疑的答案会更好。但这种观念没有给我们提供任何评估什么具有教育价值的标准。

166

2. 我认为有没有价值的标准不能由学生评价或他自己认为什么重要、什么有关、什么值得去做来决定。"有关"一词,顺便说一下,正在迅速成为一句我们可以不要的口号。有人不止一次地告诉我们这个、那个或其他无关紧要,就像它该和什么或谁有关这点毋庸置疑一样。但这正是我们要质疑的地方。认为西塞罗的演讲和 20 世纪工人阶级的孩子们无关固然没错,在某种意义上的确如此:它们和他目前的经历没有直接联系,它们看上去和他无关,因为它们对他来说是新鲜的,他也看不出它们有什么可能与他或他的经历有关的地方。在这种意义上,除了已经成为他经历一部分的事情和他觉得对自己重要的事情之外,没有什么事情是与他有关的。如果我们想让教育有关,在这种意义上有关,那么我们就在迫使孩子局限在他们出生的环境中成长,或最多只根据孩子自己的当前意愿突破限制。另一方面,如果我们不去用这种狭隘的方式界定相关性,那西塞罗的演讲是否一定无关可就难说了。它们可能和某些目标有着密切的关系,如提高孩子通过巧妙用词来力排众议赢得法律辩护的意识,提高这种意识可能和提高孩子识破他人阴谋的机会有关。这样推理下来,他最后就有可能承认,他识破那些摆在他面前的、有着一定说服力但却漏洞百出的观点其实和他有着密切的关系。

很可能现在学校里发生的很多事情和孩子们今后要过的生活没有多大的关系,哪怕这种关系是间接的,哪怕我们用长远的眼光来看也是这样。也可能孩子眼里什么对他来说是重要的以及在他看来什么是值得做的,才是决定学校该做什么的重要考虑因素。完全忽略这些因素制定出来的计划,有可能导致孩子缺乏参与活动的动机,或者令他们感到异常痛苦。不过,孩子们自己判断出来的有价值的活动不能被当作判断有价值活动的唯一标准。

由于某些地方的某些孩子会看重任何我们想象得到的活动,结论便是事实上各项活动之间在价值上不存在差异。但如果所有活动的价值相同,那么把任何事都作为价值的标准在逻辑上是不通的。结果是我们反过来声明一方面价值是没有判断标准的,另一方面价值的判断标准就是孩子们认为什么重要。此外,如果我们的确认可将孩子的判断作为价值判断的唯一标准,那我们就会不可避免地得出如下结论:诸如踩踏金鱼、吃巧克力蛋糕吃到恶心、取笑他人等任何想象得到的活动原则上都是有价值的。我劝读者还是二话不说就承认这些活动没有价值,也不可能有价值。如果有人执意申辩,那我建议他回过头去读一下我的有关只有从长远看有利于增加人类幸福总量的活动才有价值的观点,可惜这些活动没有。花在踩踏金鱼上的时间可以有更好的用法。如果这类活动不可能有价值,那么即使一个孩子(抑或成人)可能认为它有,孩子的判断也不能作为价值判断的唯一标准。

3. 人们常说孩子们的需要是决定什么是有价值的教育活动的基本标准。对这种方式的反对意见是它不够精确。孩子们需要什么? 需要用来干什么? 我们不能凭空讨论需要。我们需要和某种目标有关的事物,就像我们需要钱来买东西一样。如果我们不买东西,我们就不需要钱。

有些人把孩子们的需要等同于孩子们所表达的需要或他们认为孩子们需要的需要。然而,根据这一标准判断什么具有教育价值的说法显然和应该以孩子自己的判断为标准的说法一样会遭到非议。但如果我们说孩子们的需要和他们认为孩子们需要的需要不同,那我们就得先弄明白孩子们确实想要什么。我们发现很多孩子随便写的需求列表是:安全、关爱、幸福、常规、知识、独立、好吃的食物、运动、自我表达的机会、自由等。我的观点不是他们不需要这里面的有些事情或所有事情,也不是说孩子需要安全就该给他们安全不对。我的观点是从逻辑上看,我们说孩子需要独立或其他什么的必然带着某种目的或目标:他们需要独立,是因为这样或那样的事情除非通过独立否则不会发生。

无疑我们一致认为孩子有某些基本需要应该得到满足,例如谁会质疑孩子在某种程度上需要关爱、食物、安全和运动呢? 但我们认可这些需要的理由是,一般来说我们认可人的成长需要以身心健康为目标,显然这些需要是实现这一目标的

168

必要手段。不过,这些基本需要虽然重要,但还不足以作为一整套有教育意义活动计划的基础:作为标准的不是这些需要本身,而是通过这些需要想要达到的目标。

总之,我们得接受孩子们值得做什么该由他们的需要来决定的观点。但这解决不了问题,因为我们还得确定他们的确需要什么,而那得根据孩子们的本质和我们的目标来确定。功利主义者会说孩子们需要的是任何与他们的幸福有关的事情,是与他们作为蓬勃发展的社会成员和民众幸福助力者的幸福有关的事情。

4. 有人说孩子的利益/兴趣(interest)是价值标准,这个观点存在歧义。孩子的利益/兴趣可以是对孩子有利的事,或可以是孩子感兴趣的事。显然两者存在差异:个人感兴趣的东西不一定对他有利,反之亦然。因此,经常检查我的汽车维修状况对我有利,但我对此一点兴趣都没有。

什么具有价值必须完全根据孩子兴趣来定,针对这一观点的反对意见与以孩子的判断或孩子所表达的需要为标准的反对意见一样。无论什么事,只要让孩子感兴趣,就必定有价值,这观点是不对的。当然,总的来说教师适当考虑一下什么让孩子感兴趣是有价值的,这话不错,但它是另一种观点,一种偶然表明孩子兴趣不可能是价值标准的观点。

另一方面,教育上有价值的事,无论是什么,都必然在某种程度上有利于孩子,这是对的。但这一点没多大用处,因为从定义上看就该如此。因为"有教育价值"和"对孩子有利"都意味着"孩子应该做什么才是可取的",所以这话不错。但孩子应该做什么才是可取的?什么有教育价值?什么对孩子有利?这些问题依然存在。我们显然不能以"什么对孩子有利"为标准来决定什么是对他有利的。我们得寻找别的标准,这对于什么是有价值的问题也一样。

功利主义者又一次会提出,通过有利于他人幸福而且不增加自身痛苦来帮助孩子寻找生活中的幸福对孩子有利。

5. 彼得斯认为教育应该注重让孩子参加具有内在价值的各类活动。他提出

了被人们看作"先验论证"(transcendental argument)的想法来说明某些活动具有
内在价值。根据他的观点,任何一个认认真真问自己"为什么做这而不做那"问题
的人,会因此致力于重视某些理论活动。他写道:

> "除非一个人想尽可能熟悉问题产生的情境,熟悉能为答案提供框架的
> 各种事实,不然他怎能问出严肃的实际问题? 各种理论活动是对其经历的不
> 同侧面的探索。因此,认真思考'为什么做这而不做那'的问题,无论多不成
> 熟,就是致力于以关注能给这个问题提供语境的实相为特征的研究。"④

因此,本质上这个观点是,在问到"为什么做这而不做那"的问题时,一个人就
致力于追求理性评价的价值观,它以科学、历史和哲学方面的理论研究得来的知
识和理解为预设。同样,赫斯特试图证明教育应该让学生了解他划分出来的八种
知识形式,因为了解任何形式的知识就等于在培养理性思维。他接着提出,要求
证明为什么培养理性思维是奇怪的。"只有当我们事实上已经致力于培养理性思
维,要求证明任何一种活动合理才至关重要。因此,要求证明追求理性知识合理
预设了我们在某种形式上正寻求想要证明的东西。"⑤
现在很清楚,先验论证做不了需要它做的工作。也就是说,哲学或其他任何
关注知识、理解和理性发展的理论研究有内在价值的说法不成立。它表明(也许
很重要)某些人事实上的确看重理性思维,尽管他们自己可能不承认。大多数人
的确看重拿出来的好理由,正如我们所见,他们非常关注这一点。由此可知,要这
类人否认那些一心寻找某个领域好理由的理论研究具有任何价值会很奇怪。因
此,只要化学研究员寻求化学现象的解释从而提供能帮助我们合理使用化学品的
数据,我们就能明白这种研究有一些价值。只要优秀科学家继续尊崇科学过程的
形式规则,我们就得认可这种过程的合理性。

170　　　　但是,承认这一点不等于承认科学研究具有内在价值。先验论证证实的是,和非理性行为相比,大多数人的确更看重理性行为。它并没有证实所有人一定是这样,可想而知,有些人只是过着随意的生活,从不费心去思考"为什么做这而不做那"之类的问题。它并没有证实那些事实上致力于理性行为的人这么做是对的,因为从我们大多数人或甚至所有人致力于理性行为的事实中,我们不能不经过进一步推理就得出该这么做的结论。首先,它并没有证实诸如科学、历史或哲学之类的理论研究具有内在价值。因为说更看重理性行为而不是非理性行为就是说人们应该如何行事,而并非人们应该行事的方向或领域。致力于行动要有好理由的价值观与致力于在某个特定领域要理性行事的价值观不同。那种问"为什么研究科学"的人由此致力于理性思维以及如果人们进行科学研究就该遵循科学的程序规则的理想,但他并没有由此致力于某种有关科学研究价值的看法。"我看重理性行为,也明白科学研究提供的一部分数据关系到对某些问题的合理解决,但我不认为科学研究具有内在价值。"无疑,这么说逻辑上并不奇怪。

　　　　同样,虽然赫斯特认为我们质疑理性思维而不是非理性思维的价值逻辑不通是对的,但他说质疑是否该让人们用理性思维的方式研究他所划分的所有八种知识形式逻辑不通却是错的。虽然在任何人们想要从事的领域,最好用理性思维而不是非理性思维开展研究,但有些人在有些领域不用理性思维也没关系,这样的结论逻辑上没什么不通。重要的是,一个想对美术发表长篇大论的人也许该用理性思维的方式进行研究,而人们该不该对美术发表长篇大论却是另一回事。

　　　　总之,虽然我们大多数人很可能的确看重理性思维而不是非理性思维,但对于我们有没有好理由这么做仍然不清楚。质疑我们是否有好理由来关注好理由本身并不矛盾。此外,先验论证没能证实各种理论研究的内在价值,因为重视理
171　性思维并不等于重视碰巧涉及理性程序的各个领域的研究。因此,我们仍然需要论证,说明为什么让孩子了解诸如历史或哲学的研究是值得的。

功利主义者提出如下建议：赫斯特所谓的某些知识形式比其他的更重要，因为它们的研究内容对影响我们日常生活的决定来说更为关键，如我们更关心人们该在道德价值领域而不是美术领域用理性思维的方式进行研究。发展理性思维，即无论在哪个领域都用理性思维的方式进行研究，值得我们将其看成是幸福的手段来重视。功利主义没有表明一个由理性的人组成的社会必定比一个由非理性的人组成的社会更加幸福；它说的是，只要我们有理由相信在目前情况下发展理性思维可能比不关心理性思维发展更有利于社会幸福，那发展理性思维就该因此受到重视。相反，如果我们有理由相信关心理性思维发展可能比发展非理性思维带来的痛苦更多，那么发展非理性思维就更加可取。当然，我们没有理由采纳后一种想法。

在给本章做总结时需要强调一下它的目标，即回答以下问题："判断价值的标准是什么？"我从功利主义的角度写了这一章，并趁此机会解释了为什么不能接受解决这一问题的其他途径，但没有对功利主义进行更充分的阐述来为它辩护。鉴于我这个回答的性质，具体到底哪种事情有教育意义难免无法被确定，也没有得到充分证实。"难免"是因为，比如，研究历史是否有价值的问题，按照功利主义的标准来看，很大程度上是个经验问题。我关心的是指出哪一种是功利主义要求的行事方式。

论证的过程如下：什么构成价值的问题是课程设置的核心任务。诸如孩子们的需要、他们看重什么、他们的兴趣是什么或什么对他们有利可以作为"什么具有教育价值"的标准之类的建议统统无法被接受，原因在于：一是它们没有现实指导意义；二是它们显然不是价值判断的唯一标准。另一方面，有关具有传统价值的学校活动就有价值的想法显然也无法令人满意。面对异议，那些认为传统课程就有价值的人显然需要做些努力去解释为什么它们有价值，或给出看重它们的理

172

由。先验论证虽然试图证实和各个领域追求真理有关的一系列活动的价值,但没能证实各种理论学科的内在价值。不过,这并不是说,例如历史研究,相对来说不是有价值的活动。

功利主义的论点是:只要各种追求或活动有可能促进幸福,它们就更有价值。在目前情况下,没有争议的是,不同的人会对各种各样不同的活动感兴趣。但如果价值和快乐方面的考虑有关,那么由此可知,人们花时间参加那些有利于促进民众快乐的活动比参加只给行为主体带来即时快乐的活动有价值得多。

由此推不出必然结果。比如,科学研究比整天躺在太阳底下会更有利于增加社会幸福的总量,这不是必然真理。再者,只要人们碰巧喜欢晒太阳,那就是增加它相对价值的一个因素。没有必然理由表明,为什么历史上的某个时期,一个能够在非常简单的条件下维持下去、大半天快快乐乐躺在太阳底下的社会是不可以进化的。如果出现这样的社会,功利主义者会说它是个令人羡慕的社会。

在认可了这种逻辑之后,功利主义者会凭经验认为,在目前情况下,如果每个人都走到生活的快乐仅仅来自整天躺在太阳底下那一步,那要么人们因为得做许多不想做的事而感到极度痛苦,要么这个社会就会崩溃。还有,按照事情发展的自然规律,极不可能出现所有人都到太阳底下来寻找他们唯一快乐的情况。不同的人对不同的活动感兴趣,至少一部分原因是他们被引导参加了不同的活动。因此,功利主义者认为既然我们要使幸福最大化,合理的做法是让人们从小对有利于民众幸福的活动或同样有利于民众幸福的行为感兴趣。

具体来说,功利主义者可能会说促进理性思维和关心他人的意识有利于增加人类幸福总量,因此,努力让孩子们对那些我们认为有可能促进这些素质发展的活动感兴趣,具有特殊的教育价值。理性思维比非理性思维更有利于增加人类幸福总量的观点未经证实,理性思维无法在事物的本质中得到体现,这些事实都不重要。重要的问题有两个:(1)有理由接受功利主义观点,认为只有快乐最重要

173

吗?（2）如果有的话,有没有理由认为理性思维比非理性思维更有利于增加幸福总量? 观点虽未经证实,但很可能是个合理的假设。

有一点已经得到承认,就是不可能对处在非常有价值和不怎么有价值之间位置的一系列活动的价值进行估算,哪怕是合理的估算。因此,如果功利主义的观点基本正确,结论就是,理想状态下所有孩子都应该参与某些特别有价值的活动（我的建议是道德哲学、历史、英语文学和数学）,除此之外,重要的是给孩子提供机会弄明白一系列活动中他最感兴趣的是什么。教师的任务是: 用让孩子自己判断他对某项活动是否感兴趣的方法来让他了解任何一种活动的内容是什么。

注　释

① Postman, N. and Weingartner, C., *Teaching as a Subversive Activity* (Penguin, 1971), p. 50.

② Ibid., p. 68 ff.

③ Ibid., pp. 44—5.

④ Peters, R. S., *Ethics and Education* (Allen & Unwin, 1966), p. 164.

⑤ Hirst, P. H., 'Liberal Education and the Nature of Knowledge' in Dearden, R. F., Hirst, P. H., and Peters, R. S. (eds), *Education and the Development of Reason* (Routledge & Kegan Paul, 1972), p. 403.

延伸阅读

彼得斯在《伦理学与教育》(*Ethics and Education*, Allen & Unwin,1966)一书中花了不少篇幅来讨论什么活动有价值的问题。他大体上认为追求知识具有内在价值,并用后来广为人知的先验论证作为这一观点的佐证。怀特(J. P. White)在《走向必修课程》(*Towards a Compulsory Curriculum*,Routledge & Kegan Paul,1973)中批判了先验论证,并指出无论是先验论证还是他所知道的任何其他论证都不能得出只要是合理的活动就具有内在价值的结论。此外,威尔逊和彼得斯也在《英国教育研究杂志》(*British Journal of Educational Studies*,1967 年 6 月)上就宾果游戏的教育价值展开过讨论。

174　　　赫斯特在文章《博雅教育和知识的性质》(Liberal Education and the Nature of Knowledge)中介绍了知识的各种形式,该文也被收录在彼得斯主编的《教育哲学》(*The Philosophy of Education*, O. U. P, 1973)中,而对赫斯特知识分类进行批判的文献包括:White, J. P., *Towards a Compulsory Curriculum*; Hindess, E., 'Forms of Knowledge' *P. E. S. G. B. Proceedings*, vol. 6, no. 2(1972)。

　　威尔逊主张在教育领域满足孩子利益、兴趣或孩子看重的活动应占核心地位,参见他的著作和文章: *Interest and Discipline in Education*(Routledge & Kegan Paul, 1972), 'Child Centred Education' in *P. E. S. G. B. Proceedings*, vol. 3(1969)。

　　迪尔登对需求、利益、兴趣都有讨论,参见: *Philosophy of Primary Education*(Routledge & Kegan Paul, 1968)。

第十二章

自由学校

"自由学校"是什么？对自由学校或学校有更多自由的需
求意味着什么？显然没有某种单一的、所有声称看重自由的
学校都遵守的自由学校理想模式。因此，为便于继续讨论，我
以一所非常重视自由的学校，或一所最可能被我们看作自由
学校的 A. S. 尼尔的夏山学校为例。夏山学校提供的自由，本
质上到底是什么？

夏山学校的主要特点是那里的孩子在很大程度上不受成
人强加的规则与限制的影响。这尤其体现在：（1）由一个委
员会对学校进行日常管理，该委员会是由所有想参与的学生
和教工组成的。每个孩子和每个教工都有一票，所以从数量
上看学生的票数能够压倒教工的票数。（2）除了委员会自身
投票决定的规矩之外，很少有学生不能做的事情。（3）尤其是
对所有学生所有时段而言，上不上课完全出于自愿。

这些是夏山学校自由的几个方面，但对这些方面进行描
述给不了我们回答"夏山学校自由的本质是什么？"这一问题
想要的那种答案。它会告诉我们孩子们实际上在哪些方面有
自由，但我们想知道的是为什么他们在这些方面有自由。换
句话说，夏山学校的工作原则是什么？给孩子们这些自由有
什么好理由？只有在弄清楚夏山学校这些自由背后的分析论
证过程之后，我们才能对这样一所自由学校的优势做出自己

的判断或进行有意义的讨论。

我们需要知道的第一件事就是那些想要夏山学校那样的自由学校的人提出的是什么主张。我们可以通过两种逻辑上不同的方式来支持夏山学校这种自由和自由的程度：根据实证提出主张或直接做出评价性主张。（当然，我们也可以试着将这两种主张结合起来。）因此，夏山学校的拥护者可能从我们有着某些共同的宽泛价值观的假设出发，推出如下实证性主张：事实上，如果学校给孩子们提供夏山学校那样的自由，结果可能会令人满意。例如，据说我们看重快乐和自立，在这种学校长大的孩子因为有了充分的自由，所以就会变得快乐和自立。另外，做出直接的评价性主张，就是该不计后果地给孩子这些自由，因为剥夺他们的这些自由是不对的。从这种观点来看，虽然我们仍然看重快乐、自立或其他什么，并且也希望对它们加以促进，但要点是孩子该有这种自由，哪怕结果是他们并没有变得快乐、自立等。

换句话说，夏山学校的自由既可以被当作目的，也可以被当作达到其他目的的手段来提倡，而不是像小公司经理接受工人代表进入管理层那样，要么因为他认为代表工人的做法是对的，要么因为他认为这么做的结果令人满意，即促进公司和谐，或颇具嘲讽意味的是，从长远看少给他惹麻烦。

虽然我觉得没有人会指责尼尔为了从长远看让自己和手下员工避免麻烦而给孩子各种自由，但还是有个问题：他到底在宣扬两种主张中的哪一种？他有没有设想过某些教育目的、某些理想状态下该达到的目标，是不是认为他所提供的自由状态是达到这些目的、取得令人满意结果的有效手段？还是他会对自己说"让这些好结果见鬼去吧，从道德上看这才是对待孩子该有的方法"？他的论证形式是不是"人人希望养成热爱学习的习惯并且学到些什么东西，一所能像夏山学校那样提供自由的学校确实比传统学校更有助于养成这样一种学习和习惯"？还是说他的论证形式是"给孩子决定他们是否想学什么的自由比努力确保他们学到点什么更重要。因此,我们该给他们这种自由,哪怕事实上学到的东西会相对较少"?

根据我的经验,大多数学生和尼尔弟子们的看法是:他主张后者,即直接做出评价。显然他对我用来做例子的具体目的——在传统意义上促进学习,增长在某个领域、课程或学科上的知识和才干——印象不深。他没有说因为夏山学校的自由是培养优秀学者和专业人才的有效手段,所以是可取的。虽然促进学习不是他的目的之一,但他主张自由是否有经验的因素在内、是否有某种进一步的目的却一点也不清楚,因为尼尔不仅大量谈到、写到自由,还大量提到了幸福。

他不止一次提到促进幸福的愿望,因此我们提出以下这个具体问题:夏山学校的自由可取是因为它增进幸福呢,还是尼尔会说虽然他看重幸福,但夏山学校提供自由是对的,哪怕事实上这样的自由可能对幸福不利?尼尔很可能有些看不起论证,会说两者都有一点:他的学校用了该用的方式对待孩子,由此促进了幸福。论证结束,就此退出那些吹毛求疵的哲学家们的舌战。至少许多尼尔的支持者希望如此。

但我们为什么这么容易就放弃了?这里有一些非常重要的事情。我说尼尔给出的答案可能回避了一个有意思的问题:我们在给孩子自由可能不利于促进幸福的具体情况下要做什么?还有,我们仍然得考虑该用这种方式对待孩子以及这种自由的确促进幸福的说法是否属实。

后面那个问题因为涉及实证,严格来说不是一个哲学问题。它最后只能通过开展实证研究、问卷调查来回答,以此来检验按照夏山学校那样运作的学校是否真的比明显不那么关注自由的学校更能促进幸福。

很遗憾还没有开展过这类研究,所以我们目前只能说,如果这就是尼尔的主张(或者部分主张),那它只是一种预感。然而,我们可以根据这一预感有所发现。为了验证上述问题——当然理想状态下我们也想去试一下——我们得先对幸福

177

进行初步的概念分析，这样我们才知道需要观察什么。我这里没有做好榜样，因为我只提了足够我在第二部分论证时用的几个有关幸福的要点。但从不事先分析清楚"创造力"这个术语就试图对它进行测试所引起的混乱中就可以知道，假如我们不弄清概念的含义就试图计算幸福总量，我们会陷入什么样的混乱之中。一项满足于"去夏山学校访问两小时给我的感觉是孩子们很快乐"这种回答的调查，对任何注重准确和真理的人来说实在是不如人意。此外，更重要的是，我们得在证实夏山学校的孩子快乐这一点之外再做点什么，因为如果快乐很重要，理想状态下我们的注意力该放在确保社会中的人都快乐并且有利于他人快乐，仅仅确保孩子们在学校快乐是不够的。（我在前面讨论功利主义的时候提到过这一点，它也同样适用于那些非功利主义者，那些觉得快乐是一种重要价值的人。）就像自由学校的倡导者（还有反学校者）批评某些传统主义者忽略了童年本身是用来享受而不是为成年做准备的一部分生活那样，我们也可以这样合理地批评自由学校的倡导者，认为他们是不是忘了童年只是生活的一部分而且总要走向成年的事实。

当然，理想状态下任何看重幸福的人都想看到幸福的孩子和幸福的成人。但遗憾的是，在社会生活中如果我们想让所有人都幸福，那就要有一定的方法阻止个人追求他们自己的幸福。如果我们想尽量促进所有人的幸福，那我们必定会引导个人在某些社会生活的必要特征中找到快乐，或至少不让他们认为这些特征令人讨厌。如果所有孩子都以夏山学校的方式接受教育，享受那种程度的自由（这里我考虑的是什么课程——或用个时髦点的术语"有计划的教学活动"——都不参加的自由），那这个社会就没那么幸福了，这么说显然不算太荒谬。我并不是说就是这样，而是说这种观点值得我们认真对待。我只是提请人们注意这个事实，即如果夏山学校自由的合理性是出于幸福的考虑，那么论证起来的复杂程度就比有些人要我们相信的大得多。我们不清楚传统的、相对不那么自由的学校里的经历是否真的那么痛苦；我们不清楚孩子们自治以及什么课程都不参加的自由是否一定能让人获得幸福;我们不清楚社会能否从有计划培养各个领域高水平能力的尝试中得到幸福;我们不清楚孩子从一开始就被引导着去追求知识和理解是否比有不追求这些的自由更快乐;我们不清楚有计划地(称之为强制执行,只要我们记住强制执行不一定是残酷无情的)引导孩子们研究各种复杂领域如历史、英语文学或科学,从长远看能否给个人和社会带来幸福。

班图克写道,有用性——他的意思是本质上强调幸福而不是对功利主义伦理学说的信仰——是我们时代的诅咒。"对幸福是终极价值这个理念的消极默许导致我们低估了成就的重要性,甚至是个人的迷失。以孩子为中心的教育充满了对幸福的渴望。"①

179

我的回答是,出问题的不是目的,而是进步教育的做法。如果主张夏山学校提供的那种自由和其他任何一种所谓进步教育可取的原因是它们能促进幸福,也就是说有利于增加人类幸福总量,那么功利主义者原则上必须赞成进步的社会理想。他必须站在尼尔一边来反对班图克,说什么如果成就卓著完全不能有助于幸福,那它就毫无用处;成就本身不是回报。但我要强调的是,这种说法是有条件的。如果自由教育或进步教育这么做了,那么功利主义就是其理由。但它真的这么做了吗? 就像我前面说到的,这是个比例问题。按照我一贯不喜欢采纳两边倒的哲学观点的作风,我只想补充说一下,就是我怀疑总的来说它没有这么做,而且反对学校促进自由的一系列措施的意见是它们最终会减少社会幸福总量。(我"怀疑"。我不"知道"。)

无论如何,夏山学校提供的那种自由因为这些原因所以可取的主张,至少前后并不矛盾。那另一种直接评价性的主张,即"控制、命令、操控孩子不对,所以让孩子自由是对的"又如何呢?

我们知道我们没有"权利"把想法强加给孩子或逼迫他们做什么;或者孩子有自由"权利"的建议虽然看上去在诉诸某种事实,但实际上没有这回事。在说话者看来，它只是种我们不该把自己意思强加于人的说法。因此，我们不该误认为我们不可以质疑提出这个主张的理由。为什么我们没有权利把自己的意思强加于人？为什么孩子该得到自由？

我们还知道只是宣称人该自由毫无意义，在开始理解这一主张之前我们需要具体规定他们该不受什么限制或该有做什么的自由。有些教育学家会说孩子该有自行决定他们生活各个方面和自身发展的自由。自我调控，看似和自我决定同义，事实上是尼尔提倡的一个理想。这个主张说了些什么？具体而言，包括三点：

1. 至少对于幼儿来说，讨论孩子"决定"自己的生活或自身发展无疑毫无意义。做"决定"涉及一个人对事情的掌控，而不只是对事情自动做出反应，因此有赖于一定程度的认知能力。一个六岁孩子上课时觉得没劲便走出课堂，但他没有做出任何"决定"。（至少没有必然理由假设他做了。）他只是觉得没劲，于是走出课堂。因为他缺乏（相对而言，不过在很大程度上）相应的知识和推理能力来编排决定事件进程所需的信息，所以他无法对自己的生活和自身发展做出有意义的决定。如果一个人不知道自己有哪些选择，如果一个人不知道怎么评价这些选择，如果一个人不知道选定的目的最适合采用什么手段，如果一个人不知道未来会对自己有什么要求，如果一个人不知道各种行动方针的结果会是什么，又怎能"决定"自己未来的人生走向？因此，说幼儿决定自己的生活和自身发展只是语言使用不当。

2. 不管他人说什么，事实上我们没有人会让孩子决定自身发展。我们都在某种程度上把自己的一些想法强加给孩子，而且也会忍不住这么做。我们都这么做的事实不能构成我们该（不能从"是"直接推出"该"）这么做的好理由，但我们忍不住会这么做的事实显然使我们不该这么做的说法变得有些可笑。（另一个哲学格言是："该"含"能"之义。）把孩子送进学校的事实本身就是对孩子决定自身发展的自由的限制，这一切与学校的本质无关。

　　卢梭通常被认为是给孩子彻底自由的倡导者,因为他在《爱弥儿》中坚持主张导师该一切顺其自然,什么也不做。但积极努力地营造一个"自然环境",就像卢梭希望爱弥儿的导师做的那样,甚至不惜把爱弥儿和别的孩子(更不用说成人)隔离开来,因为出于某种原因,他们都不能算作自然环境的一部分,就是在相当明显地干涉:如果我们事先根据我们的理想安排环境,那我们就不能说真的彻底给了个人决定他自身发展和生活模式的自由。同样,避免成人公开干扰孩子自由的学校也不能说孩子们就此获得了决定他们自己生活的彻底自由。这种情况下发生的事情就是,对个人自由的限制如今大多直接来自他的同伴而不是成人,而且之所以会这样是由成人决定并推行的。这也许是种理想的状态,但它不等于不限制孩子的自由,因此它可取也不是因为孩子的自由不该受到限制。假装(就像有些人做的那样)这样的学校不灌输价值观是不对的,它灌输(或试图灌输)的是这种学校奉为金科玉律的价值观。开办一所不管多么"自由"的学校或者成为这类学校教工队伍的一员就已经迈出了一步,安排了某种据说有助于实现对孩子产生某种影响的目的的环境。

181

　　3. 大一点的孩子当然能决定自己生活的走向和模式,对此,我们可得出结论说他们该有这么做的自由吗?学校性质会不可避免地成为孩子成长过程中各种压力之一,从而可能会也可能不会对他们的发展造成实质性的影响,我们要不顾这一事实,认为一旦有能力决定自己生活的走向就该有这么做的自由吗?(这样我们就有了要坚守的东西,比如孩子至少从进中学起就有能力决定他们自己的生活。)

　　我对第二部分的观点真的没有什么可以补充的。我曾试图证明我们无法允许任何一个人,无论长幼,都按照他看着合适的方式自由决定自己生活的各个方面。采取这种绝对立场的后果是无法接受的。我们所有人必须承认,我是这么说的,有些事人们不该有做的自由。一旦承认了这一点,除非我们不介意以一种完全随意的方式行事,否则就不得不构建某种或某些衡量自由限度的标准。我的标准是功利主义的,我坚持这一标准,除非有人能拿出好理由说服我放弃这一标准。因此,我说该给孩子哪种自由,得由这些具体的自由是否有利于社会幸福来决定。如果我们有理由相信孩子参与学校管理有利于民众幸福,那就是鼓励这种做法的好理由。但在这里我们要牢记,这是倡导这种做法的理由。所以如果我们喋喋不休地谈论自由权,那就跑题了;我们还可以顺着这个思路补充说,这样组成的管理团队或管理委员会,其权利得加以限制。对于有些事情,我们不能让孩子们去决定,无论是单独决定还是集体投票决定,因为我们坚信他们会有损社会幸福。也许他们永远不会,但要点是我们需要在成立这样的管理委员会之前考虑清楚它的权限。比如孩子们是否能有决定自愿听课的自由(假设这不是他们已经获得的一种自由)?我想不出还有什么比邀请孩子参与学校管理、不说他们能力有限却利用职权推翻掉他们一半决定的做法,更让孩子觉得不满、失望继而不快乐了。但是据我所知,这正是大多数支持某种形式的委员会的学校所做的事情。

　　我知道我在这里提出的这种观点会受到许多激进分子的唾弃。他们说得不错,这的确有些煞风景:说了半天自由,说给孩子决定学校如何运作的自由——然后,嘭,砰,出台了不少限制:他们有决定的自由,只要他们的决定和我的一模一样。是啊,这就是我的意思,我也给出了这么说的理由,但还没有什么理由可以说服我认同下列观点:孩子该有做他们想做事情的自由,具体而言,就是他们或其他任何人该有行事的自由,哪怕从长远看这会影响到社会的幸福。我已经表明了我的态度——也承认这决不是得到了公认的论点——就是如果课程,或无论你想怎么称呼它们,都变成自愿参加的话,社会的幸福总量会减少。假设某所学校的孩子是真的觉得我的经验有错呢?我只能说通常情况下成人的阅历和知识更丰富,推理能力更强,所以更有条件做出这样的判断,这似乎算得上是个好理由。重要的是,要注意我们现阶段关注的不是价值判断,而是经验判断。因此,我们该采纳的规则是：为了社会的长期利益，教师仍然是自由限度最后的仲裁者。在某种思维框架下，这样的观点实难令人苟同；我只希望因为它是有关学校自由的辩论中最复杂的问题——由谁来决定——而能得到我们的认真讨论和考虑。

最后，承认了我的观点中的问题之后，我们再来看一下对方的观点。关于自由限度，尼尔到底要说什么？——因为他肯定对夏山学校孩子的自由有所限制。虽然他谈到自我决定或自我管理，但显然有些事情可能是孩子无法决定的。他尖锐地嘲讽了那些觉得他的方法不正确的人，说答案在于"自由"和"放纵"的区别。但我们必须经得起嘲讽，因为我们已经知道这一区别解决不了任何问题。它只是重申了一遍问题：我们如何确定哪些自由是放纵，因而无法接受？我在仔细思考了他顺便列举的各种夏山学校允许和不允许的自由后，只能得出下面的结论：无论他自己是否知道，尼尔采用的是功利主义标准。因为他说孩子不该有跳出窗户、跳沙发、砸钢琴或踢门的自由，我们要尽可能阻止（在窗户上装栅栏），阻止不了就纠正他们的这些行为。这些行为除了危害孩子本人或惹怒别人之外，他又为什么举出这样的例子呢？但这种危害，无论是生理的还是心理的（惹怒别人），无论是对人还是对己，都只是功利主义标准的另一种体现。如果是这样的话，如果尼尔或其他人说孩子不该砸钢琴，是因为这么做会危害他人，那我们可能重新回到了"他同意给孩子们的自由是否按他的标准确定"的问题上来。和往常一样，我们要的是前后一致——如果"危害"是标准，那剩下的唯一令人感兴趣的问题就是：孩子们在尼尔倡导的那种程度下实施自治，获得决定自己上不上课的彻底自由，对他们个人和社会来说究竟是利大于弊还是弊大于利？

我不关心我们该接受还是抛弃尼尔的教育观，我关心的是我们该用什么方法处理一所学校如夏山学校提出的这类问题。基于夏山学校这个例子，我们要探索"你为什么做这做那"的问题。我的观点是，尼尔本人其实不太清楚为什么。他在相当大的程度上似乎在靠直觉行事，而且他的观点实际上还有些前后矛盾。但那不是重点,我不想在"权利""自我管理"以及无限制的"自由"上太过纠结,而是想顺着这个思路谈谈如何才能确定孩子们该有哪些自由的权利和哪些自由的限制。依我看,最有意思的问题是自愿听课问题。我最后提一个问题:假设我们有东西分享,假设我们的学校正努力引导孩子参加有价值的活动,那么从定义上看,采取措施以确保孩子参加这些活动是否一定具有价值呢?

注 释

① Bantock, G. H., *Education, Culture and the Emotions* (Faber & Faber, 1967), p. 139.

延伸阅读

了解尼尔整个教育观最便捷的参考资料是《夏山学校》(*Summerhill*, Penguin, 1968)。以下资料则记述了这些教育观的发展过程:Hemmings, R., *Fifty Years of Freedom* (Allen & Unwin, 1972)。

第十三章

教育分配

私立学校

有关独立教育部门的讨论往往会将独立学校各式各样的形式或三种不同的论证方式混为一谈。私立学校中有截然不同的夏山学校和伊顿公学;有教会学校和非教会学校;有寄宿学校和全日制学校;有着重传统理论课程的学校和只能说是发展性、实验性的学校;除了知名的公学外,还有残疾人学校、盲校等。可想而知,我们有理由对私立学校中不同种类的学校采取不同的态度。我们不能混为一谈的三个不同的问题(所以有三种不同的论证方式)是:(1)私立学校是好学校吗?(2)私立学校原则上可以接受吗? (3)事实上私立学校在我们社会中能否被接受、是否可取? 其中第一个问题事关学校本身,第二个有关私人教育体系,第三个涉及将前两个问题与社会其他特征结合起来考虑的问题。

在不同时期支持或反对私立学校所取得的成果中,我挑选了五点常用来说明私立学校合理的理由和三条反对意见。据说私立学校是可取的,因为:(1)它能提供其他学校提供不了的良好教育;(2)它能满足至少某些孩子可能需要的一些特殊要求,如需要在学校寄宿;(3)它能满足各类少数人群的需要；(4)它能提供公立学校提供不了的实验机会；(5)以自由为原则证明了私立学校的合理性。引用沃尔特·汉米尔顿的原话，就是：

"不让现在的父母行使自费教育孩子权利的手段，就是侵犯他们的自由，这在铁幕以西闻所未闻，这是种暴政行为，它不会因为合乎宪法、代表着大多数人的意愿而变得不那么暴虐。"①

185　　反对这些理由的意见是：(1)私立学校提供不良教育；(2)导致社会分化；(3)原则上不可取，因为这类教育会成为少数人的特权。

　　显然私立学校提供的教育好不好是个相当复杂的问题，决定这个问题答案的因素包括：我们认为所说的私立学校中，各式各样学校提供的良好教育是什么，以及在某些情况下孩子们所说的[例如，可能对某些学生来说，阿博茨霍尔姆(Abbotsholme)或高登斯顿(Gordonstoun)那样顶级的学校能提供良好的教育，其他的则不然]良好教育是什么。不管怎样，因为所提供的教育质量问题是个有关学校的问题，而我们感兴趣的主要是那些证明私立学校合不合理的原则，还因为笼统地评价私人教育显然十分荒谬、过于简单，我们似乎最好专注于人们普遍关心的独立学校，即传统公学。虽然以任何标准来看，不同公学提供的教育质量的差别会很大，虽然有人反对公学的理由是它们给不了学生良好的教育，但我们似乎最好假设公学的教育从某种意义上说是良好的教育。不管怎样，这是那些花了一大笔钱送孩子入学的人的观点，也是那些抱怨这类学校只限于少数人入学的人的观点。有关的人觉得这种教育可取的原因可能各不相同(有人可能觉得它是找份好工作的通行证，有人可能觉得它是良好性格的培养场所，有人可能觉得它能让孩子的学业更出色)，但总的来说，他们认为它可取是一点也不假的。

　　然而，假设公学能提供良好的教育，我们这里面对的只是关于将公学教育的某些特征纳入公立学校的论证的开始。比如，如果寄宿制是教育的一个理想特征，那么无论出于什么原因，哪怕只是为了一部分学生，它都是一个好的私立或公立的教育体系提供寄宿条件的一种理由。因此，上面提到的支持私立学校的第一和第二点都不成立。它们原则上无法证明这种体系的合理性，只是提供了一些膜拜几所具体学校的理由。

接下去的两点（即私立学校能满足少数学生需要并提供实验机会）是涉及教育体系而不只是具体学校的具体特征了。事实上，私立学校也确实做了不少实验，满足了少数学生的需要，但这些只是偶然。也就是说，虽然它们不假，但没有原因表明现在事实为什么是这样或者将来事实是否还会是这样，也没有原因表明为什么公立学校不能进行实验或满足少数学生。显然，公立学校做过实验而且也在做，只是它们也许在满足少数学生利益方面做得还不够。因此，就算我们认为有必要继续实验、关心少数学生利益，就算我们承认私人学校在这些方面成绩斐然，我们也无法得出结论说私人学校具有合理性。

这么一来，我们就说到了唯一有希望证明独立教育部门原则上合理的理由——提倡自由。

摆在我们面前的问题是，给那些负担得起的人提供并保留良好教育的做法是否正确？我们不必是哲学天才也能明白，那些反对私立学校的人说父母的贫富不是差别对待教育问题的相关理由是没错的。它和教育毫无关系，就和我们说长着红头发是提供某种优质教育的相关理由一样奇葩。另外，他们说私立学校的存在是导致社会分化的一个因素，恐怕也没错。然而，依我看我们不该解读过头，因为它充其量只是一个因素，难以相信取缔私人教育部门会造成多大的实际差异。因此，整个私立学校的问题最后落在了自由的问题上。我们是否赞成以自由为原则证明它的合理性呢？

显然我们不赞成。汉米尔顿的观点行不通。不考虑他对铁幕（iron curtains）

186

表现出来的情绪上的歇斯底里和他提到"权利"时的循环论证,他有一点说对了:不给那些付得起学费的人付费的自由确实从定义看算得上是"侵犯个人自由",那些习惯在其他场合没有资格或证明的情况下就大声嚷嚷着自由重要性的人当然会在汉米尔顿慷慨激昂的呼吁下搬起石头砸自己的脚。但我相信我们没有这样的习惯。正如我们所知,在没有资格的情况下就吵着要自由毫无意义。问题在于是否有理由维护这种少数付得起学费的人的自由。是否有理由说明为什么那些付得起学费的有钱人家的孩子该有获得优质教育的自由?我说过任何一个这样的理由,若要它成立,就得把所有人的幸福都考虑进去。毫无疑问,我觉得原则上没有这样的理由,所以独立教育部门是站不住脚的。

然而,在结束这个话题之前,我们不该让原则或抽象理论(如哲学)使我们对实际情况熟视无睹。我们实际上必须考虑许多其他因素,而且根据实际情况取消比保留独立教育部门对整个社会的幸福影响更大,这样的观点不是毫无道理的——虽然这么说会惹怒那些希望一天建成罗马的改革家。具体有两个原因支持这一说法:(1)鉴于事实上我们社会的财富分配不均,独立教育部门是向富人征税的有效手段,它能给我们其他人增加教育资源;(2)鉴于独立教育部门能在某种意义上提供良好的教育,整个社会有可能从这些受到良好教育的人身上获利。

我个人并不相信上述第二点,而且我觉得不管怎样,对社会是否的确已经从这些私立学校的毕业生身上获利进行计算是件不可能完成的事情。至于第一点,如果这些就是我们想要的结果,那么我们可以想出各种各样的其他方法来向富人征税,并且增加教育资源。(因为我们现在考虑的是实际情况,那就值得提一下如果所有的父母都把孩子送进公立学校,就有可能在要求增加教育资源上形成某种具有一定影响的压力。)不过,这是一种不提一笔未免显得有些吝啬的观点。

我们从以上讨论中得出的结论是:理想状态下,公立学校应该融入那些合理论证后表明是可取的私立学校的特征(管它是公立学校还是私立学校的特征),并且把它们提供给所有人或所有可能受益的人,而不是只给那些付得起学费的人。私立学校原则上不合理,但就算真的有一点合理,那也是全民教育实现自给自足之前的权宜之计。

公立学校

理想状态下,公立学校应该把私立学校具有的那些优势提供给所有人,这样的说法很容易引出一个问题,即这是否意味着给所有的孩子提供一模一样的教育? 比如,我们是否要支持综合性学校(comprehensive schools)而不是三分系统(tripartite system)? 有人对我这样说:在这个时候提出这个问题还没开始讨论就已经过时了,因为无论我们愿不愿意,三分系统正逐渐淡出我们的视野。我觉得这么说有点怪。假设综合性学校确实已经被普遍接受——这是不再考虑其他选择好处的理由吗? 如果综合性学校的提倡者认为由于我们已经有了三分系统,再考虑它背后的理据或其他选择就毫无意义了,那么我们很可能不会发展到综合性学校那一步。我认为无论我们现在有或在不远的将来会有什么样的教育体系,都与我们应该有什么样的体系无关,而且有关这个问题的正反两个方面还有许多话说。我们必须抵制下一辈教师不假思索就认为综合教育体系肯定优于它所取代的教育体系的倾向。

当然,除了文法中学、技术中学、现代中学这样的三分系统,还可以考虑综合教育计划的各种变化形式以及许多其他选择。这里无法详尽地讨论这些变化形式,因为我的目的是专门回答一个简单的问题,即根据某种标准或父母贫富之外的标准,给不同的孩子提供截然不同的教育是否可取或可以接受,这也是英国《1944 年教育法案》背后的假设。反之,我们可以认为,根据哪一种标准这么做都不可取是转向综合教育背后的理据。但真是这样吗？

首要的问题是，人们对综合性学校到底意味着什么各执己见。对有些人来说，它只是能兼顾所有类型学生和各种能力学生利益的团体，以这种观点来看，综合性学校的实质不是避免三分系统的特征，而是不涉及社会隔离。还有一种观点是，综合性学校必须招收来自各个社会阶层和背景的学生。不过，也有人会更进一步分析，从定义上看综合性学校不会严格区分实践课程和学术课程，至少那些，比如本质上不爱读书的学生个人不会因此被剥夺追求那少得可怜的学术兴趣的机会。有些人还会再进一步提出，从定义上看综合性学校必须彻底打破实践课程和学术课程之间的壁垒，给所有人提供一个从本质上看共同的课程。最后，我们不是没听说过分流的问题，有些人认为没有分流，综合性学校才算是真正的综合性学校。

189

这里的目的不是要对综合性学校这个概念进行哲学分析。这个术语的意思是"包罗万象"，我们只要认清事实是，这个术语的使用是为了和任何一种给不同孩子提供截然不同的学校的教育体系形成鲜明对照，除此之外，综合性学校的提倡者有可能致力于上述这些需求的任意组合。我们需要做的是对这些需求一一进行考虑，试图弄清楚它们各有哪些利弊。

不过让我们先来考虑支持和反对三分系统的那些意见。

《1944年教育法案》要求给孩子提供的教育设施应该和"他们的不同年龄、能力和学能"相适应。实际上我们认为这涉及三类学生间的差异：学术尖子、实践或某一具体行当如工程中的能人，以及那些（极大部分人）根据法案含义最适合被直接归为在这两方面都缺点天赋的人。和这三类学生相对应的就是文法中学、技术中学和现代中学。

我们当然不能辩称从原则上说能力和学能上的不同是提供不同教育的非常合理的标准。反之，我们也不能接受平等要求人们必须接受同样教育的简单论证。据我们所知,平等要求平等对待,意味着除非有区别对待的相关理由,不然要同样对待。相关理由的评判要以分配内容的本质和同样关心所有人福利的终极考量为标准。在这些条件下,对于一个明显有着数学学术研究天分的孩子和另一个没有这种天分的孩子,否认区别对待他们的相关理由就显得异常荒唐。

那反对三分系统的意见是什么呢? 依我看有四个观点值得我们认真思考一下。

1. 认为虽然原则上这些差异也许合理,但实际上这些差异是相当不准确的。

2. 认为无论理论上如何证实这些差异的合理性,实际上它们造成了难以接受的社会分化。

3. 认为这三类学校中的一类或几类提供的特殊教育作为教育来说不够完善或难以接受。

4. 认为这一教育体系预设了某种难以接受的评价方式。

在详细讨论这些反对意见之前,我想提出一个仅供思考的想法,即所有这些意见都在相当大的程度上设法使人们对某个不容置疑事实的质疑合理化,这个事实就是:总的来说,特别是现代中学学生,在我们物质主义文化中成了二等公民。换句话说,按鲁宾斯坦和斯通曼强硬的话,真正反对现代中学的意见就是,一旦成了现代中学学生,我们许多孩子"在 11 岁时就已经注定将来是体力劳动者"②。现代中学学生成人后在职场竞争中往往会失去稳妥的高薪就业机会,这就免不了导致部分学生(或他们的父母)急着逃离现代中学,竭尽全力去上并不适合他们的文法中学。如果以上这种说法有些道理的话,那我想对它做个简单但异常重要的评价:尽管现代中学令人讨厌,但也没有纯教育的解决方法。我不像有些人那样认为教育不应该关注本质上是社会或政治的问题,而是认为教育变革或改革不可能影响到这些问题。如果,无论什么原因,社会按照阶层和收入把人分成三六九等,从而使某些人变成弱势群体,那么没有一种教育体系可以规避这一点,随便哪种

190

教育体系,不管它愿不愿意,都会是一种择优录取的体系。无论综合性学校到底意味着什么,它最终也必然根据学生的不同优势对他们进行分类。如果我们认为有些类别在社会上更受推崇,那原因不可能出在教育体系上。二等公民是社会经济结构的产物,不是教育的产物。因此,我们不能仅凭有些人最后能比其他人获得更多的物质利益来合理推断三分系统不行。

当然,我们还可以辩称不该获益的人获益了。它使我们回到了第一条反对意见:在 11 岁对孩子进行分类不准确。无疑,这话说得一点不错,体现在两个方面。第一,很显然,类似 11＋那样的考试在准确预测孩子有无就读文法学校的资质上还远远达不到令人满意的程度。第二,有个更微妙的看法,就是无论何种情况,一旦我们对孩子有什么期望,他们就会有什么反应,所以许多现代中学学生虽然看起来是自得其所,但如果他们有机会进入文法学校,他们也会表现得一样自得其所。根据这两点,我们推出:(1)理想状态下我们需要一种更好的选拔方式——也许会有比 11 岁更好的选拔年龄;(2)我们需要增加后期在不同类型的教育方式之间进行转换的机会;(3)我们需要消除社会固化在某种学校上的预期。从以上考虑可知,虽然不一定这样做,但综合性学校作为一个自然社会单位是可取的。这是个实证问题,但如果三种教育都在一个单位里开展,我们有理由相信纠正分类错误会更加容易,相应地学校气氛和寄予孩子的期望也不会那么固化。我们这里除了这种意义上的综合性学校外,没有任何其他主张。无论孩子的表现受到期望的影响这话有多么正确,佯称任何一个孩子能在任何一种学校读得好显然是胡说八道。我们不能接受的是这样的论证方式——只因为有些孩子在三分系统下变成了他们不需要变成的样子,就得出结论说不该允许所有孩子接受各不相同的教育。虽然有些现代中学的非学术型孩子也可能在文法学校取得优异成绩,但我们不能因此得出结论说将学术型和非学术型孩子区分开来的做法必然是错的。

三分系统造成社会分化是经常遇到的争议。这一批评的相关性如何? 第一个问题是社会分化到底意味着什么？人群之间的差异本身不会令人反感；的确，对一个能力卓越的社会学家而言，要迅速确定出各种可以把人分成不同社会阶层或阶级的标准并不难。如果没有阶级的社会意味着找不到区分不同人群的标准的社会，那么没有阶级的社会就不会存在。如果社会分化被认为是不可取的，那就必然意味着要么是人人想要的有利条件导致的群体分化，要么是群体内部不和导致的分化。无疑三分系统在这两种意义上似乎都会促成社会分化（它的确成了将人从一种阶层转化为另一种阶层的方式）：文法学校往往是条阳关道，无疑文法中学和现代中学的学生会产生不和。对此，我们有个貌似合理的想法，即支持一个自然社会单位以及把综合性学校想成就近入学的定点学校。虽然把同一个社区内不同种类的教育和不同背景的学生放到同一个屋檐下不太可能解决社会分化问题，虽然必须再次强调社会本质和前景——就其给予各种社会角色的尊重程度来看——是决定社会分化的关键因素，但以下想法显然合情合理：越少把不同背景和不同学能的孩子作为他们秘密世界中的异类来对待，创造同类群体的机会就越多，任何坚信所有人的福祉与幸福一样重要的人都该受到欢迎。

192

在某种程度上有关反对三分系统其实就是指它的一个或多个组成部分的教育质量不好，这一说法最有意思。这也是反对意见中最复杂的一点，讨论出一个满意的解决方案至少需要比本书更多的篇幅。我已经说过，理想状态下教育应该注重培养个体处在萌芽状态的、非反社会的才华，培养其良好的社交态度，培养对他以及对整个社会有直接和间接价值——价值的终极评价方式是福祉与幸福——的能力。我也已经说过，出于这些原因，赫斯特知识形式的改良版应该为所有人的教育提供基础，除此之外，让孩子在他们感兴趣并且有天赋的任一领域进行专门研究也是可取的。这么说来，我们当然能在细节方面批评三分系统提供的三种形式的教育，但我们不清楚它们中的任何一种是否该因为本身提供不了良好的教育而被否定。然而，我们很可能觉得最主要的反对意见是我们过分专注于学术研究而以牺牲实际研究为代价：文法中学完全忽略了实践，奇怪的是技术中学和现代中学事实上也是有样学样，把重点放在了不必要的、大打折扣的学术课程上。为解决这样的问题，我们显然不需要一个新的教育体系，而综合性学校——仍然只是作为迎合各类学生的一个自然社会单位，很可能在实践中有助于推出一套更灵活的课程。

最后，我们要考虑有关评价系统的反对意见。让我们冷静地面对这一亟待解决的问题。除非所有孩子做完全相同的事情或让他们自由去做任何他们想做的事情，不然我们不可避免地需要某种形式的评价系统。只要我们还留有某些人更擅长某些事，某些事不满足某些先决条件便不可以做（正如我们不懂希腊语就无法探讨埃斯库罗斯写作风格的价值，或者不了解规则就无法踢足球那样）的想法，那么我们就不得不接受评价——虽然它可能具有各种各样的形式。找到评价的

193 最好方法也许很困难，如果"最好"意味着最准确、带来的痛苦最少，但只要我们不断提到人们是否已经"准备好"做某事，或者他们是否"合适"或是否"有能力"做某事，我们就无法避免评价。总之，除非我们准备彻底放弃事情有干好干坏、各类表现有优劣之分、不同领域有各自标准——无论是些什么标准，这完全是另一个问题——的想法，否则我们就无法避免评价。评价在逻辑上和质量、标准、出色等概念有着密切的关系。

我们现在意识到了——有了最近一连串《企鹅教育特刊》(Penguin Education Special)的提醒，谁又能意识不到呢？——有些人要么不明白这里面的逻辑，要么只要事情做了他们就不在乎事情干好干坏的问题。（这是个有趣的哲学问题，即要到什么时候干砸了事情才能算作根本没做？）他们提倡不要分流，所有孩子共用一套课程，这套课程包括孩子可以自行挑选的各种选项。有了这样的方案，评价自然被降到最低限度——也许年龄是入学资格的唯一标准。

这个观点错在哪里？它的基本思想是应该提供各种各样的选择，或者等于没

有。但把这项政策作为一个整体加以采纳,实际上等于说孩子要么在上课之前就充分了解各类选项的具体内容,能就他们最喜欢上什么课、上什么课成绩最好、从长远看上什么课对他们最有利这些问题做出正确判断,要么他们是否喜欢上课、表现优异或颇有收获都无关紧要。它还涉及假设任何人能"做"任何事的问题,如果他是这样想的,那他有什么条件去做事就无关紧要了。也许对于某些事情来说这是对的,例如,举一个上一章中提到过的例子,要论人们能想出多少种砖头的用途或谈论"民主"问题——如果"谈论"只是指发表意见——就不需要把人分门别类。但这只是又一次提出了这些活动是否特别值得开展的问题。我认为除非我们对民主的历史发展、各类民主的历史事实(它们怎么运作、它们如何兴起如何衰亡、它们取得什么成就、它们没能取得什么成就)、当代民主的实际运作方式略知一二,并且有一些处理抽象概念的哲学思维能力以及和这一话题有关的道德观念,不然讨论民主问题的价值有限。由此可见,要使活动有价值光靠随机决策是不够的,还有更重要的事情要做。我们为什么要接受波斯曼和维因加纳过于简单、天真的想法而认为重在提问? 任何人都可以提问题——我们需要的是有见地、知情的回答。同样,如果我们认可,正如我说过我们必须认可,人们了解各种形式的知识是有价值的,培养自然科学各学科、历史、文学、艺术和哲学方面的专长也是有价值的,那任何人能"做"任何教育领域所关心的事显然是不正确的。

194

这里我不关心所谓在一定范围内学习能力较弱的孩子在和学习能力较强的孩子一起学习时学得更多的经验之谈,像这样的证据看起来还远远不能令人信服。但我们要注意的是,用这种方法反对分流涉及承认有评价各种能力的标准(不然区分学习能力较弱和学习能力较强就毫无意义),而一旦承认有评价能力的标准,就没有理由说不该提到它们。依我看必须抵制的是下列观点:因为 A 学习 Z 能获益,所以无论 B 的能力怎样,必须让他学习 Z。

将这部分的各种思想综合在一起,我觉得可以采取一条相当明显的中间道路,它既不属于三分系统的顽固支持者,又不属于许多更为极端的、统称为赞成综合性学校的人。三分系统的支持者说得一点没错,在一定的学术水平上(虽然不一定以文法中学所采用的那种方式或它们划分系部的形式),学习诸如英语文学、现代语言之类的课程是有价值的(评价性主张),有些人比其他人更适合这类活动而有些人根本不适合(实证性主张),以及(很可能/可能)一定程度的分流能更好地完成任务。因此,他们得出的结论也没错:我们该根据孩子的能力和学能把能接受这种教育的孩子区分开来,反对使用统一的课程和不对全体孩子进行分流的做法。但我们也有好理由认为,他们坚持不同类型的学校单独办学是不对的。为了促进社会同质,确保更有效地考虑孩子的学能和能力究竟是什么以及提高课程的灵活性,我们看到了设立综合性学校即提供接纳所有孩子乃至课程的机构的必要性。

195

大　学

尽管不偏不倚原则可能要求或允许为不同人群提供不同种类的教育,还是有人认为教育供给应该面向所有人。那是否能得出结论说所有人求学的时间应该一样长、所有人都应接受高等教育并且大学应该向所有人开放?

不,不能得出这样的结论。所谓普及教育的本质是,教育从定义上看对全民有利。我们实际提供的名为教育的东西也许不那么有利,但我们想要提供的是有利的东西。笼统地说,教育就是齐心协力帮助孩子踏上一条对他有利、对社会无害的道路,无论我们认为什么有利因而教育应该涉及什么内容,这一点也不会改变。我们找不到相关理由表明可以剥夺任何个体享受这个有利过程的机会。

　　当然，事实上什么是"有利的"可能会因人而异。有些事情比如读、写、论辩的技能可能对所有人都有利，但一个孩子可能对音乐感兴趣，而另一个对木匠活儿感兴趣；一个对古典文学感兴趣，而另一个对工程感兴趣，等等。因此，虽然教育作为对孩子有利的帮助应该面向所有人，但不同的个体从不同的教育计划中受益的程度不同。只有所有个体在兴趣和能力上完全相同，并且如果社会想要维护这种身份，才会出现不一样的情况。

　　不过，教育这个概念没有内置时间元素。一个人应该经历一个教育过程或在任何特定的时间段"体验过教育"，不是受没受过教育的条件。我们可以把教育说成没有止境的事情，说成和我们相伴一生的事情，说成不死不休的事情，等等。我们说到各类教育机构开展的有计划的活动时，教育也没有特定的时间限制。无论我们怎样判断一个人"受没受过教育"，都和时间无关。

　　要决定一个孩子求学（或者利用义务教育供给）的时间应该多长，我们得确定理论上从什么时候起他该得到的"有利"条件不再有效，或从什么时候起他不再归属于某个教育机构会对他和社会更有利。答案显然因人而异，而且在某种程度上会受到教育的特殊性质或正在接受的学校教育的影响。例如，对没有兴趣或天赋继续学习学校课程但却有机械方面天赋的非学术型孩子来说，早些离开学校成为学徒机械师更有益。反之，对有现代语言天赋的学生来说，留在学校继续深造则更有益。

196

　　因此，平等原则当然不会要求大学向所有人开放。事实上，按照现在的情况，它的要求正相反。虽然大学的概念可能不容易定义，虽然一直以来这个概念在某种程度上经历了多次修改，虽然目前它可能正在发生变化，但事实上大学不只是为了任何古老的目的造出来的一群建筑。从定义上看，大学只能被认为具有某种目的，而根本不具有各种各样的目的。它可以用来做某些事情，却不能用来做其他事情。例如，它不是训练人当兵或练习裸体的地方。

　　无论可以给出什么精确的定义,显然大学的一部分意义是给具备某种资格的人进行学术研究的机构。也就是说,从定义上看,有相关理由表明为什么有些人需要被排除在外。当然,我们可以从好几个角度批评这种所谓的资格:我们可以认为 A-Level 课程证书不能准确衡量或预测相关能力;我们可以认为那些 A-Level 课程学得不怎么样的人也许能读好大学;我们可以认为 A-Level 课程作为入学资格的重要性给孩子施加了压力,影响了他们的表现或导致了教学方式上的错误;我们可以认为运气在大学招生中发挥的作用太大,或者除了学术资格外我们过分重视(或不够重视)其他因素如对考生性格和个性的主观印象,等等。但所有这些批评都是对实际选拔过程的批评:它们涉及选拔中存在不公平现象以及现今选拔体系中存在诸多不如意之处的想法,但它们不等于说选拔本身不公平。因为无论实际选拔过程中有些什么问题,事实依旧是有一种观念已经融入我们对大学的认识中,融入我们所谓大学的部分含义中,这种观念就是原则上攻读大学课程必须在特定方面达到某些标准或具有某些能力,而有些人事实上从未达到过这样的标准或没有这样的能力。

197　　当然,我们可以说因为我们这么看待大学,所以才需要这些资格,其实我们应该抛弃需要资格这种观念。但如果抛弃了这种观念,那么从定义上看,大学的概念也发生了改变。再走极端的话(比如改到入学不需要任何资格的程度,因而任何人都能上大学),这个概念就被改到了面目全非的程度。如果任何人都能上大学,在大学里的时候什么事都多少做一点(因为不是所有人都能做传统意义上大学该做的那种事情,所以必须允许他们),结果大学就变得和社交俱乐部无异了。大学向所有人开放的结果是我们最终会毁了大学。只有当每个人实际上都有能力攻读本质上和大学教育的传统观念相类似的大学课程时(这显然不是事实),大学才不会被毁。

　　我的观点是：从历史角度看，大学是基础学科领域进行研究并从事高水平教学活动的机构。根据这个定义，拒绝向所有人开放这种教育有相关理由，而且这样拒绝也不意味着不平等。我们很可能会说根据不偏不倚原则，所有人应该都能接受某种形式的高等教育，他们不该被贫穷之类的因素拒之门外。但那是另一回事。事实上有许多其他的高等教育机构（理工学院、教育学院、医学院、艺术学院等），它们的作用正是给不同的人提供适合他们的选择。坚持给每一个人提供大学教育实际上就是在玩文字游戏——把每一所这样的学院叫作大学。正如我们目前所了解的，只要不是每个人都有能力攻读大学课程，我们就无法坚持让所有人接受大学教育。

　　我们又一次站出来反对基于名利考虑的观点：有人指出大学教育是找好工作的通行证，其他高等教育机构则被看得一钱不值。只要这是真的，在某种程度上这也的确是真的，我只能重复上面提到过的有关中等教育的观点：这问题，如果有问题的话，是个社会经济问题。总的来说，雇主大概还没有蠢到就因为应聘者被冠上了"大学毕业生"的称号而对他们青睐有加。如果一个大学毕业生只是因为接受过雇主觉得能得到认可的教育而成功应聘某一岗位，这大概是最坏的情况了。雇主不会放弃寻找具有某种资格和教育背景的雇员，正因为我们把什么都称作大学教育，才给他们的工作添了很多麻烦。

注　释

198

① Hamilton, W. , speaking at the Headmasters' Conference, 1965, quoted by Winn, C. , and Jacks, M. , *Aristotle* (Methuen, 1967), p. 29.

② Rubinstein, D. , and Stoneman, C. （eds）, *Education for Democracy*

(Penguin，1970)，p. 23.

延伸阅读

从哲学的角度讨论本章所涉及的问题有些过时,因而没有值得参考的文献。

第十四章

灌输和道德价值

在这最后一章,我关心的是,教师和家长有什么合情合理的做法(真要做的话),能让孩子们坚持道德价值观。我们很快就能看到,核心问题是灌输这个幽灵总在任何有关道德价值观的指导、塑造或养成的谈论中不祥地游荡着。我不打算深入、详细地探讨其他一些同样重要的有关道德教育的问题,这些问题有:什么是对孩子进行道德教育的最有效方法?道德教育和道德培训有什么差异?从逻辑上看,有道德观念需要做些什么?所以这里对道德教育的叙述绝对不能算是完整的。它只集中讨论一个需要解决的主要问题:鉴于道德命题的不确定性,我们在道德上是否该有计划地帮助孩子养成某种道德价值观,如果答案是肯定的话,我们又该用什么方式?这一问题不解决,便没有别的有意义的话可说。

"我认识一个人,"黑尔写道,"他有个一岁的孩子,他总是说自己早已打定主意绝不通过任何方式去影响孩子的道德成长;孩子必须找到自己的道德观。"黑尔接着说这种观点"显然无比荒谬",因为"我们不可能不对孩子施加影响,问题只是怎么去影响、朝着什么方向去影响"①。这么说荒谬吗?哦,最初的说法是我们不该通过任何方式去影响孩子的道德成长,这当然是荒谬的。黑尔说得对,我们不可能不对孩子的道德成长施加影响,坚持说我们不应该去做我们不可能不做的事是荒谬的。我们不需要进一步讨论我们可能对孩子施加的各种影响究竟会产生什么效果的复杂问题,我们需要的只是指出孩子在某种程度上会不可避免地从周围环境中获得道德态度,这种环境包括家长和教师在内。一位家长或教师自己的行动,赞成或反对孩子某些行为的表示,甚至看起来无关的因素如父母亲离异所产生的示范作用,都会对孩子某种态度或行为模式的养成造成一定的影响,哪怕不可能总是精确预测某种影响会产生什么效果。这些态度或行为模式的养成本身是道德成长的一部分。即便成人愿意能够忍住不对他们自己所持的道德观加以明示,他们仍然会对孩子施加影响;于是情况就会变成,比方说,若不有意让孩子形成恃强凌弱不对的观点,他们就会让孩子形成同样评价性的观点,即恃强凌弱没关系。孩子们最初只是自行从环境中习得一些价值观。因为我们是环境的一部分,我们在某种程度上不可避免地会影响到孩子的价值观。

由此可知,从某种意义上来说,孩子不可能"自己养成道德观"。也就是说,他们不可能在完全不受影响、完全不知道其他道德观存在的情况下自己养成道德观。他们不可能从头开始探索,不带任何评价性成见,因为在他们能进行有意义的探索之前,他们已经不可避免地获得了一些有关什么行为道德什么行为不道德的基本看法。但黑尔因此得出结论,认为无论从什么意义上说孩子自己养成道德观都是荒谬的,是否有点操之过急? 我们也许可以说,孩子必须在成人不去有意安排和控制对他们施加影响的情况下自己养成道德观。因此,虽然孩子仍然会受到外界影响,就像他们无法避免的那样,但他们究竟会受到什么影响就是个随机问题了,这纯粹是由他们的父母、朋友是怎样的人,他们看过什么电影,他们读过什么书等因素决定。因此,我们可以认为,孩子必须在成人不去有意对所有其他随机影响加以评论或明示态度的情况下自己养成道德观。当然,既然孩子必须自己养成道德观这一想法的意义只在于将它理解成把对他们的各种影响限制在随机而不是可控的范围内,显然它的吸引力就不那么大了。但仍然有人可能愿意为这一想法进行辩解。他们这么做可能会有什么理由呢？

　　按照尼尔的话，就是不需要担心有人试图促使孩子养成某些价值观这种做法是对是错，因为本身就不需要这么去做。

　　　　"没有必要教孩子们如何行事。一个孩子到时候就会知道哪些事该做哪些事不该做——只要他没受到什么压力。学习就是一个从环境中养成价值观的过程。如果父母本身诚实、讲道德，他们的孩子到时候就会和他们一样。"[②]

　　虽然这话说得很清楚，但尼尔的观点是什么却不清楚：他是说如果孩子只有受到诚实、讲道德那样的影响才会变得道德呢（这里的意思似乎是这样的），还是说如果任由孩子自行其是（就是理想状态下不受成人影响），他们就会变得诚实、讲道德呢（就像尼尔似乎经常在他的著作中流露出这样的意思一样）？如果赞成前一种主张，那么我们必须面对孩子不仅仅受到诚实、讲道德之类的影响并且出自诚实、讲道德环境的孩子未必真会诚实、讲道德的事实。但后一种主张又怎样呢？至少没有成人会有意培养孩子不诚实、不讲道德，难道孩子到时候就知道哪些事该做哪些事不该做了吗？

　　这个观点有不少反对意见。首先，我们可以说就算是这样，孩子们在知道哪些事该做之前行事不诚实、不讲道德也是无法接受的。在小霸王们知道恃强凌弱不对之前那些受欺负的可怜孩子怎么办？其次，我们知道这本质上是个实证问题——它意欲告诉我们在某些情况下事实上会发生什么——但又拿不出任何真正的证据来证明这个观点。现在也拿不出证据，因为情况是我们没有任由孩子自行其是，所以没有办法用这种或那种方式来证明这个观点。当然有几所像夏山学校那样的学校，其中孩子们相对比较自由，但那些学校也没能提供令人满意的、有

201

力的证据来证明这个观点,原因如下:

1. 哪怕在自由学校,孩子们一般也有成人的约束,在至关重要的早期(包括假期)他们仍然出自家庭,几乎可以肯定他们会受到某种影响。这一因素在他们的道德发展过程中究竟有多大影响,我们无从知晓。

2. 这些学校事实上是当今社会的例外。这一意识可能会影响到孩子们努力使这种制度发挥作用的自觉程度。同样,事实是否如此我们也无从知晓。无论是何种情况,从这么小的样本中得出推断显然过于仓促。

3. 我们甚至不清楚是否有证据表明在那些学校就读的孩子表现出来的行为和成人一样符合道德标准。据我所知,还没有关于自由学校就读孩子成人化行为表现方面的实证研究。

最后一点提出了第三个也是个相对更加重要的主张,即任由孩子自行其是,他们就能形成符合道德的价值和态度。这里的"符合道德"意味着什么? 如果有人试图做个问卷调查,了解一下某一群成人的行为在多大程度上符合道德标准,他将关注些什么? 哪怕尼尔只是提出这样的主张,他也必定需要对什么才算是符合道德标准有些了解。什么才算? 在他看来算是符合道德标准的行为,在我和你看来算是道德行为吗? 如果是,如果这就是说在什么是诚实、讲道德的行为上存在着统一的看法,那么为什么我们不能告诉孩子们这些是什么行为并且引导他们这么去做,却要放任自流,让他们自己去发现,那不是令人难以理解吗?

虽然对"任何一个任其自然发展、受其他孩子影响的孩子长大后都会成为有德之人"这样绝对的主张存疑也许可以理解,但也不是说这一主张就是错误的。这只是说看起来没有明显理由来接受这一主张。事实是即便我们相信这个主张,目前也得接受现实。现实是无论喜不喜欢,大多数教师都得应付那些已经开始形成一些我们认为无法接受,而且不加干涉就会存续下去的行为模式和价值观的孩子们。认为只要教师闭嘴每个人就是圣人,真的十分荒唐。

依我看，我们只有一种方法来为成人不该有意引导孩子接受某种价值观的主张辩护，这就是在为像"世上之事物本无善恶之分，思想使然"的极端主观主义伦理观辩护。显然，如果符合道德标准的行为和按照一个人认为是符合道德标准或他赞成的方式行事是一回事，如果根本没有任何其他的附带条件，那么孩子按照他自己愿意的方式自由行事必定是符合道德标准的。我反对这一观点的理由在本书前面已经说过，就是我试图说明只有某些行为才符合道德标准的时候。这里没有必要再复述一遍这些观点，但有两点值得提一下。第一，读者很可能因为我的观点具有一种功利主义的形式而拒绝它，但还是觉得存在一些道德的必要条件，例如不是行为主体碰巧赞成的任何事情都是道德的；第二，这里考虑的极端主观主义观点和任何其他伦理观点一样有争议。

因此，看来黑尔是对的。有关孩子得放任自流，得让他们从一开始就自己养成道德观的说法是荒谬的，因为这一说法要么毫无意义，要么可理解为成人不该有意向孩子施加影响的意思却缺乏任何有说服力的论据来证明。同样，当黑尔接着说："如果我们无论如何打算影响他们的话，我们除了用我们想得到的最好方向来影响他们还能做什么呢？"这话没有说错。当然，这意味着实际上不同的人想要用不同的方向来影响他们的孩子，也很可能意味着在我们这样的社会中教师身上有一定的压力要去影响孩子，使他们朝着大体可以称之为"我们的民主价值观"的方向发展。但此刻分清三个不同的问题极为重要。（1）一个社会该采纳什么样的价值观？（2）当个体的道德心和社会产生冲突时，个体该做什么？（3）教师或家长，假设他们知道（1）的答案并且没有碰到（2）那样的问题，他们该在孩子价值观形成过程中做些什么才合乎情理？此刻我们只关心（3）。

这样我们就谈到了本章的主要问题。假设出于讨论的需要我们都赞成我概述过的功利主义观点比其他道德观更加合理，那我们引导孩子形成符合这种观点的行为和信仰是否合乎情理？抑或这种引导必然构成灌输？什么是灌输？

203

　　说哲学家们就什么构成"灌输"的问题尚未达成一致意见算是客气的说法。所有人都赞成的一点是它和促进他人信仰有关，但除此之外鲜有共同之处。因此，在格林看来被灌输者的标志是他没有证据就拥有信念；在萨金特看来灌输的关键是用非理性手法来说服某人相信某事；相反，威尔逊却认为非理性手法的使用并不一定意味着存在灌输，而灌输最突出的特征是所授信仰的本质。根据这一观点，灌输就是让人们将事实上不确定的东西看作确定信仰。黑尔声称是"阻止孩子独立思考能力的发展"的目标把教师变成灌输者的。怀特同样认为，灌输者的标志是用什么都动摇不了的方法植入信仰的意图，但他补充道，我们甚至可能灌输简单谬误。伍兹和格雷戈里不同意怀特的看法，他们的理由是只有作为教义一部分的信仰才可能被灌输。上面大部分（尽管不是全部）哲学家认为灌输必定令人讨厌的事实额外增加了问题的复杂性，比如平科夫斯认为存在好的、合理的灌输这样的事情。

　　有一点很清楚：我们这里既不能对所有这些观点进行完整的论述，又不能令人信服地说可以对灌输这个概念作出明确的分析。事实上，就像有一个明确的分析那样继续研究肯定是荒谬的。重要的是要考虑各种貌似合理的有关灌输的概念，然后力图得出它们中哪些一定无法被接受以及为什么无法被接受的结论。一般来说，我们只关心灌输会引起争议的那些概念，因为我们担心自己会以被别人指责为灌输的方式来诱导孩子获得道德信仰。但我们只需要担心"灌输"这个术语必定会引起争议的那些地方。

　　牢记这一点，我们就大可不必去注意某些概念，比如格林的看法，不是因为它们有错或者用词错误——我们中有谁能说有些人不该用灌输这样含糊的词语来表达事实上他们想表达的意思——而是因为它们把灌输变成了一种可以接受的做法，至少从定义看在某些情况下是；如果灌输被当作一种可以接受的做法，这对我们来说也没有问题。格林说任何人没有证据就拥有信仰，因为信仰本身是被灌输的,于是只能得出结论说所有的早期道德教育必定是灌输,实际上我们所有人都或多或少受到过这样的灌输。③因为孩子在他们能真正拿出证据证明那些价值观之前已经不可避免地习得了这种或那种价值观,而且我们大多数人甚至成人都有着事实上出于这种或那种原因拿不出证据的确定信仰。不过,如果每个人至少在一开始都一定受到过灌输,那讨论该不该灌输的问题就没有意义;主张我们不应该灌输也就没有意义了。

还有个许多哲学家提到过的有关灌输的主张,虽然它本身对于灌输这个概念来说是个极其重要的问题,但我们在本章内容中也完全有理由忽略,即只有某些信仰才能被灌输。因此,弗卢④认为只有教义才能被灌输,威尔逊⑤认为只有不确定命题才能被灌输,而怀特⑥却认为简单谬误如"澳大利亚的首都是墨尔本"或者甚至显而易见的事实也可能被灌输。这个问题对于这里的讨论来说并不重要,原因是没有人会质疑教义和不确定信仰可以被灌输(争论在于简单谬误和真理),我们关心的道德信仰必然算是教义或不确定信仰。所以我们是否能灌输一个简单谬误和我们能灌输道德信仰的问题无关。然而,我们得简单回顾一下这个问题。

威尔逊所谓的"不确定信仰"并不只是意味着心理学意义上人们无法确定的信仰,譬如我们无法确定在1945年大选中工党是否会赢。他指的是,无论个体会怎么看,逻辑上不确定的信仰。也就是说,虽然可想而知信仰可能有真有假,但它们似乎都不是,因为我们弄不清楚什么才算得上是支持或反对它们的证据。我们不能说这些信仰是"任何正常、理智的人面对相关事实和论证一定会相信的信仰。我们也可以说它们拿不出公众能接受的证据,任何一个理性的人会认为充分的证据"⑦。因此,两者之间的区别在于:一方面是真假已知的信仰,例如相信汽车马达以某种方式工作,这在威尔逊看来无论如何都不能被灌输;另一方面是不知道真假的信仰,例如相信上帝存在。上帝存在可能为真,但我们无法判断:对于什么能作为证据,我们还没有达成一致意见。同样,道德信仰也是不确定的,虽然我们

205

可以赞成某种道德观点，就像我在本书中试图去做的那样，但说这些道德观点中的任何一种已知为真是荒谬的。"任何正常、理智的人"都会赞成我所提出的这些看法，这肯定是不正确的。因此，"宗教、政治和道德信仰是不确定的，正如数学和拉丁语法不是不确定的那样"。按照威尔逊的说法，灌输本质上是传授某种不确定的信仰，并且他认为必定令人反感。

其他哲学家如弗卢、伍兹和格雷戈里⑧想进一步改善这种想法，认为甚至不是所有不知真假的信仰都能被灌输——它们一定也涉及教义或思想体系。也就是说，只有那些属于其他相关信仰体系一部分的信仰，那些和其他信仰一起对一个人生活方式影响巨大并且不知真假的信仰才能被灌输。根据这一观点，像"有一个讨厌的雪人"这样一个简单命题，虽然不知其真假，但也谈不上被灌输。只有像天主教义、自由民主主义或无神论这种思想体系方面的内容才能被灌输。

我们很难想到方法去解决这些看法和怀特所谓的简单谬误能被灌输的看法之间的分歧。教义观看来是基于我们把天主教义之类的教义体系中的信仰形成看成灌输范例的说法以及灌输（indoctrination）一词显而易见和教义（doctrines）有关的事实。但是怀特说得没错，没有什么取决于这样的语言观点，而且很可能我们只把引导他人相信天主教义看成灌输的范例，因为事实上人们更关注思想体系而不是简单谬误的灌输。我的观点是在某些条件下（稍后介绍），我们完全有理由说哪怕简单谬误都有可能被灌输。但因为我们关注的重点是怎么都无法确定的道德信仰，这里有件重要的事我们需要注意，即就算我们不接受怀特所谓任何信仰都能被灌输的看法，我们必定接受这种看法带来的某种启示，就是灌输不能仅仅用某种特定的内容来定义。也就是说，我们接受道德信仰可以被灌输的看法——不管其他还有哪些种类的信仰也可以被灌输——但只是在某些条件下。

威尔逊得出结论说：摒弃灌输可以用方法来定义的观点的结果是某种内容将教学变成了灌输。有人认为灌输的特点是用非理性的方法，如人格魅力、权威、赞扬或指责来引导他人相信某事。但是，威尔逊认为如果我们想把"灌输"这个术语作为一个有意义的贬义词，或者用他的话说，作为一个标明"禁区"的术语保留下来的话，那我们就不能用方法来定义灌输。首先，威尔逊认为——也许说服力不大——我们不会反对"用催眠手法帮助他人掌握 A-Level 物理课程的内容"。其次，他说明了一个我们已经说明过的问题，即虽然我们永远没必要用催眠手法，但对于幼儿来说，我们在某种程度上不可避免地要用非理性手法来进行说服，因为他们并不总能理解理性的解释。再者，我们前面也说到过，我们无法避免使用非理性手法来进行说服，因为我们无法避免以身作则。

　　因此，威尔逊自然说得没错，仅仅使用非理性方法本身不算灌输。一位家长或教师给孩子树立善良的榜样或赞扬孩子的善良行为不算灌输，也没有任何令人讨厌的感觉。不过，我想说威尔逊犯了两个错误。第一，他证明了某种方法不足以成为灌输的特点之后，似乎还在假设方法没有必要成为特点；第二，他假设内容本身就足够了。但这一点使他陷入了荒谬的境地。

　　我们记得对威尔逊来说，"灌输的标准取决于内容的合理性"。教授确定信仰不能算灌输，教授不确定信仰必然是灌输。而道德信仰是不确定的，因此，看来成人有助于孩子形成道德信仰的任何举动都是灌输。但这正是威尔逊想要避免的结论，因为他和我们一样意识到在某种程度上教授道德信仰是无法避免的，而且他也想保留"灌输"这个术语的贬义语气。那么他该怎样避免这个两难选择？可以说避免在道德领域进行灌输就"在于只教育孩子采纳每一个正常和理智的人都认为令人愉快和必要的行为模式和态度"⑨。但这显然不能令人满意，因为"谁才算正常和理智的人"？威尔逊忽略了他的观点的前提之一：道德信仰是不确定的，在道德领域每一个"正常和理智的人"都一定有着某种特定的信仰并不正确。在这种状况下，只会发生两种情况：要么我们把"正常和理智的人"看成和我们有一样想法的人，要么我们把他们看成和社会上大多数人的想法一致的人。但如果我们要把道德领域的复杂性完整地讲清楚,那这些正是我们要避免的结论:一种行为不会因为大多数人认为它正确,也不会因为我们以及那些和我们所见略同的人说它正确,就一定是正确的。一个天主教徒眼中在道德上正常和理智的人与一个马克思主义者眼中正常和理智的人不会完全一样。对威尔逊来说,这个问题无法破解。要么把灌输定义为教授不确定的信仰,这样的话所有早期道德教育都是灌输,要么我们必须得出结论说以内容为标准(不确定的信仰)最多只是灌输的一个必要条件。显然,我们必须采纳后一种观点,如果我们想保留灌输是能够也是必须避免的东西这层意思。

这就让我们注意到了灌输的第三个条件。黑尔和怀特的观点基本相同,他们认为灌输的关键在于灌输者方面的某种目的或意图。怀特认为向某人灌输就是试图"用什么都无法动摇这一信仰的方法让他相信一个命题……正确"⑩,黑尔认为灌输从"我们试图阻止孩子们独立思考(各种信仰)的能力发展的时候"⑪开始。这里我觉得我们已经接近问题的核心了,但把重点就放在目的或意图上可不成。

真相是:被灌输的核心不在于我们具有某种信仰(无论它们是什么),也不在于我们没有理性证据就接受了它们的事实,而在于我们用某种方式即不加质疑或以僵化的心态持有信仰的事实。我们当然不能说所有的天主教徒、自由民主主义者和无神论者都是被灌输的,但只用内容或方法或这两者来定义并分析灌输的话,我们就得这么说。无神论和天主教一样都是一种思想体系,因为它们是思想体系(就是包括各种不知真假的命题的信仰体系),所以归根结底我们不能说有合理的理由坚信其中的任何一种信仰。也就是说,虽然我们可以比如信仰无神论,甚至给出理由来解释我们为什么要这么做,但这种思想体系建立在某些基本公理之上,它们可能为真却不是毫无疑问为真。这样的公理是信仰的基本信条,既无法被证实,又无法被否定。

面对任何一个社会变革的历史实例,马克思主义者会用经济力量来诠释,而非马克思主义者不会。同样，一个信仰宗教的人会用他称之为可以作为上帝存在证据的启示来诠释，而无神论者会否认这是证据（可能管它叫别的东西，如幻觉）。如果每一个坚信某种思想体系的人算是受到了灌输，那么我们所有人实际上都受到了灌输，灌输一词再一次变得毫无意义。

不过，无论如何，我们事实上并不觉得所有的天主教徒或其他什么人一定受到了灌输。我们肯定想分清那些意识到"上帝存在"这类命题逻辑上的不确定性但仍然觉得需要坚信上帝确实存在的信仰者，和那些相信上帝存在并把它当作不容置疑的真理以至于认为谁不信谁就不对、谁就必定愚不可及或受人灌输的信仰者。受到灌输就是把不知为真假的事情看作不容置疑的真理。〔或者，如果我们同意怀特的说法，即简单谬误或真理能被灌输，那就意味着持有某种信仰却不去考虑该信仰的实际逻辑状态，以及有什么证据（如果有的话）能证明该信仰真假的问题。〕

如果我们认可了这一点，那么灌输就是让某人以不可动摇的方式去相信一个命题是真的。向某人灌输道德信仰就是让他们持有某些道德信仰却无法认清这些信仰的不确定性，还把它们当作不容置疑的真理。由此我们知道，使用非理性手段进行说服是灌输必要但不充分的条件。我们已经知道它不充分，但它是必须的，因为如果从小就学会理性地审视道德命题的真假，那没有人会把道德信仰当作不容置疑的真理。这只是因为道德命题的本质是理性论证无法证明它们必然为真。因此，如果一个人理性反思的结果是相信"杀人不对"，虽然他能解释为什么他认为这个观点比反方观点更合理，但他必然也明白这样的理性论证无法证明该命题是不容置疑的真理。

如果教师被认为是灌输者，那么关于旨在必须封闭孩子思想或意图在他们头脑中植入坚定不移的信念的具体建议又是什么呢？虽然怀特区分了真实意图和公开意图，但依我看要摒弃这个观点。怀特没有提出灌输者可能会说他无意在他

209

人头脑中植入坚定不移的信念(公开意图),但怀特认为灌输者必定真的意在于此,在某种意义上说,灌输者必定深信他在灌输的是不容置疑的真理,不然他也不会希望在他人头脑中植入事实上并不是不容置疑真理的信仰。这一论证相当复杂,然而,怀特似乎在说当我们不在处理简单谬误时(在那种情况下如果我们想要成功显然必须有意封闭思想),如果无意这么做也能成功封闭他人思想,逻辑上是不成立的,除非假设我们真心相信这个问题不会被质疑。因此,如果我自己认为上帝存在这个问题还有一定的争议,那么我不能使一个孩子坚定不移地相信这一点,除非我有意这么做。相反,如果我相信这是不容置疑的真理,那么我在说教的时候就会暗示这一假设为真并且有意传达这一观点。

对于这个观点(除了以下事实,即"真实意图"看似成了灌输定义的一个必要组成部分,并且导致意图的这种特殊意义和像黑尔谈到教师目标时设想的一般意义被混为一谈),令人担心的是它得出"只要教师不是意在灌输,孩子们就不能被灌输"的结论。但这肯定不正确。一般来说,孩子们只可能在人们试图向他们灌输时才能被灌输,但可以想象教育体系作为一个整体,可能会因为它没有做的事情而不是做的事情而在无意中灌输成功。例如,通过完全避免把道德信仰和它的逻辑状态作为探究领域,学校可能有助于造成孩子们从小认为某些道德信仰是不容置疑的真理的状况。但由谁来灌输的问题没有什么特殊的意义。无疑,必然令人反感(因为涉及错误和谬误)的是持有一种道德信仰——任何一种道德信仰,无论它是来自父母、同伴还是教师的偶然影响——就像它是不容置疑的真理,因为没有什么道德信仰是不容置疑的真理。人们所持的不容置疑、坚定不移的道德信仰是被灌输的,所以关键是教师不但应该避免有意灌输,而且应该通过考察道德信仰的现状来有意抵制灌输的可能。

综上所述,如果灌输会给道德领域带来一些问题,那它就必须用能明确体现出道德信仰范畴中不良教学形式的方式来定义。仅用方法或内容来定义达不到这样的效果，把灌输说成是教师意在或旨在植入坚定不移的信念也无法令人满意，哪怕任何确有此意的教师都能被指责是在进行灌输。向孩子灌输就是用他们意识不到那些信仰的真实逻辑状态却把它们当作不容置疑真理的方式让他们持有信仰。我不明白为什么我们不该把某个试图让他人相信地球是圆的这么一个简单真相的人看成灌输者，如果他使人相信的方式是"哪怕我们用来证实这一真理的证据在一定程度上发生了变化或是有误的，该信仰都将被顽固地坚持下去"。不过这种情况事实上不会发生，往往是在道德领域这样的领域才会出问题。

因此，灌输不是在一堂课、一天或甚至一年内发生的简单的过程。我们不只是因为在某个特定的时刻没有考察某种信仰的逻辑状态或因为我们通过对某一信仰的言传身教来进行灌输的。这种做法在某种条件下可能会促进灌输过程，但那是一个完全不同的观点，并且也不一定就真的促进了这一过程。因为灌输就是要导致某种结果，避免灌输的方式就是确保避免那种结果。

所有这些的结果非常简单。我们必须影响孩子的道德发展，因为我们身不由己。我们不由得会影响孩子，使他们接受那些我们认为最合理的价值观。但是如果我们避免灌输，最终我们必须在这个问题上寻求一种开放的心态。一个机构有没有灌输倾向的最显著体现，像许多人普遍认为的那样，不是珍视某些价值观以及可以看出它珍视某些价值观的事实，也不是它公然支持某些价值观的事实，而是正相反——它没有公然支持某些价值观的事实。因为任何一个机构比如一所学校会珍视各种价值观，如果我们想积极尝试去抵制灌输的危害，就必须把它们放到明处，准备好去讨论它们。

在实践中这意味着什么？首先，它不一定意味着要鼓励每个人就此选择自己的价值观。独特并不一定就是思想开放。一个人也许有一套他特有的道德信仰，却仍然思想封闭，所以就不可能意识到他可能错了。思想开放的特点是真正理解哪种证据和某种信仰有关以及对于不同的信仰来说什么才是适合它们的确定性。这不是说一个人坚信某种信仰如上帝存在，其思想就一定不开放，而是说这个人同时坚信这个信仰是不容置疑的真理，其思想才是不开放的。

其次，它意味着拿得出理由的地方就该拿出理由。因此，就算是对幼儿，除了言传身教、用表扬和批评之类非理性的手法来影响他们的信仰外，我们应该尽可能地对这些价值观做出解释。因此，对于"我为什么不能踢他？"这样的问题，我们不能做出"因为是我说的"或"因为你踢他，我会踢你"这样非理性的回答，而一定要尝试给出在我们看来像"因为那会伤到他"或哪怕是"因为他踢你的话你会不高兴"那样相关的理由。

但这本身并不够，不但因为这种反应提出了进一步的问题"我为什么不该伤到他？"，而且因为把"因为你被踢会不高兴"那样的理由看成相关理由已经涉及某种伦理观点（在这种情况下，相对不具争议的观点是真心坚信一种道德判断，就是认为同等条件下它既适用于自己又适用于他人）。不过，就道德判断的普适性或考虑伤害是否一定和道德辩论有关这类基本问题，我们显然不能和孩子开展有意义的讨论，至少也得等到他们进入中学阶段。因此，在小学阶段能给出理由的时候给出理由是必要的，这样孩子们就能形成这样的观念，即他们正在逐渐养成的信仰和行为模式是基于理由而不是权威的命令，到了第二阶段那些理由本身应该受到严格的检查。就道德整体而言，据我们所知，它和科学这类领域不同，因为对于什么理由算是道德理由或什么理由算是道德观点的证据的问题，甚至到现在都没有达成共识。在道德领域思想要开放，就要意识到这个问题。着手研究这一问题就是在研究道德哲学。因此，道德灌输的必要对策是对道德哲学进行介绍——只要没有人蠢到认为一个道德哲学家说什么就是什么的地步。留意他的推理过程——而不是他的判断。

注　释

① Hare，R. M. ，'Adolescents into Adults' in Hollins，T. H. B. （ed. ），*Aims in Education* （Manchester University Press，1964），p. 51.

② Neill，A. S. ，*Summerhill* （Penguin，1968），p. 224.

③ Green，T. F. ，'The Topology of the Teaching Concept' in *Studies in Philosophy and Education*，vol. Ⅲ，no. 4.

④ Flew，A. ，'What is Indoctrination? in *Studies in Philosophy and Education*，vol. Ⅳ，no. 3.

⑤ Wilson，J. ，'Education and Indoctrination' in Hollins，T. H. B. （ed. ），*op. cit.*

⑥ White，J. P. ，'Indoctrination' in Peters，R. S. （ed. ），*The Concept of Education* （Routledge & Kegan Paul，1967）.

⑦ Wilson，J. ，*op. cit.* ，p. 28.

⑧ Gregory，I. M. ，and Woods，R. G. ，'Indoctrination' in P. E. S. G. B. *Proceedings*，vol. 4 （1970）.

⑨ Wilson，J. ，*op. cit.* ，p. 34.

⑩ White，J. P. ，*op. cit.* ，p. 181.

⑪ Hare，R. M. ，*op. cit.* ，p. 52.

延伸阅读

除了以下文献：Sargant，W. ，*Battle for the Mind* （Pan Books，1959）；Pincoffs，E. ，'On Avoiding Moral Indoctrination' in Doyle，J. F. （ed. ），*Educational Judgements*（ Routledge & Kegan Paul，1973），本章提到过的文献均被收录成册，参见书籍：Snook，I. ，*Concepts of Indoctrination* （ Routledge & Kegan Paul，1972）。

索　引